개정 증보판

How to Name

전 공무원 성명학자의 한글·한자 작명 길라잡이

이동우 성명학 전서

文公 이동우 지음

한솜미디어

본서의 지은이를 소개한 기사들

▶ 월간 『여성조선』과의 인터뷰
지은이는 지역 주민의 신생아에게
무료로 작명(作名)을 해주고 있다.

▼ 월간 『지방행정』과의 인터뷰
1998년부터 시작한 무료 작명 봉사를 통해
이름을 받은 신생아는
현재까지 5,000여 명에 달한다.

5,000여명 이름 지은 공무원 작명가
이동우 회원

서울시 서초구청 OK민원센터장으로 근무하면서 주민들의 민원봉사는 물론 공무원 작명가로 널리 이름을 알리고 있는 이동우 회원. 1998년부터 시작한 무료 작명 봉사를 통해 이름을 받은 신생아는 현재까지 5,000여명에 달한다.

글·사진 김철민 기자

부르기 쉬운 이름이 좋은 이름

신생아 무료 작명 봉사를 하고 있는 이동우 회원. 그 가 현재까지 5,000여명에 달한다.

"이름을 지어주다보니 다양한 분들과 만나게 되었습

▲ 『mbn 뉴스』(2010.8.30)

'작명도사'로 불리는 호적 공무원

▲ 『더 해피 위클리 페이스』와의 인터뷰
이름이란 사람의 정체성을 지닌 총체적 그릇이며, 운명을 결정하는 데 큰 영향을 미친다.

◀ 『조선일보』 기사
예전에는 작명을 하는 데 '죽을 사(死)'처럼 어감이나 뜻이 안 좋은 글자를 피하는 데 신경을 썼지만 요즘은 예리·지나·매리 등 영어로 표기했을 때 발음하기 쉬운 이름을 지어달라는 부탁이 많다고 한다.

▶ 주간 『동아』와의 인터뷰
자기 자식의 이름을 짓듯 정성을 다하는 그는 이름 하나를 짓는 데 일주일 넘게 고민한다.

'이름'은 운명에 영향 무료작명 봉사 기쁨

'무료 작명봉사' 이동우 서울 서초구청 OK 민원센터장

"좋은 이름 지었으니 행복하게 사세요"

사주와 육효를 독학했어요. 성균관대 유학대학원에 들어가 역학과정을 수료(1998년)하기도 했고요."

그가 작명을 시작한 건 35년 전. 작명 봉사를 시작한 건 1998년 9월 구청 호적계장을 할 무렵이었다. "민원인이 신생아의 출생신고를 하러 온 게 분명한데 서류를 내지 못하고 있는 것 같아 확인해 보면 대부분 아이의 이름 때문이었어요. 한자를 모르거나 어려운 형편 탓에 아이를 낳고도 이름을 정하지 못하는 것을 보니 '이름을 지어주는 봉사를 해야겠구나' 하는 생각이 들었죠."

엄마에 이어 아이까지 2대 걸친 인연도

이후 그는 민원여권과장으로 재직하며 비공식적으로 무료 작명 봉사를 해오다 당시 구청사 내에 작명봉사 창구가 생기면서 공식 봉사 활동을 시작했다. 이후 전국 단위로 소문이 나면서 지금은 인터넷 카페를 통해서도 작명을 해주고 있다. 단, 공직선거법을 준수하기 위해 형편이 어려운 기초생활수급자나 차상위계층, 장애인 등 특정 경우에 한해서 무료 작명을 해준다. 현재까지 그를 통해 이름을 얻어간 사람만도 6천여 명에 달한다.

오랫동안 해온 일이라 에피소드도 많다. 지난해 5월에는 그가 이름을 지어준 1979년생 엄마가 아기 이름을 의뢰해 2대에 걸쳐 작명해 주는 일도 있었다. "한 할머니의 경우는 친손자·손녀를 비롯해 외손자·손녀까지 모두 8명의 이름을 서비스받았다"며 웃는다.

현재 구청 작명 센터를 통해서는 하루에 20~30건 작명 또는 개명

'센터장'이라는 근엄함 대신 친근함으로 작명 상담을 하는 이동우씨. 공직 사회의 모범이 되고 있다.

▲ 『Weekly 공감』 '화제의 공무원' 인터뷰
지은이는 이름도 중요하지만 무엇보다 부모가 환경을 만들어 주고 정성껏 키우는 것이 중요하다고 말한다.

◀ 『채널A』 '명랑해결단'
27회 출연한 저자.
'운명을 좌우하는
이름의 모든 것'
전직 대통령의 이름에
숨겨진 비밀.

[언론보도 및 방송 출연 사항 요약]

- 채널A 〈명랑해결단〉 '이름에 숨겨진 비밀'에 출연. 이승만, 김대중, 노태우, 박근혜, 대통령과 이건희, 구본무, 이병철 등 재벌 총수의 이름풀이(2013.11.25)
- KBS2 라디오 〈일요출발〉 '성명학 화제인물'에 출연(2001.2.4)
- KBS 1TV 〈뉴스의 광장〉 '작명전문가 공무원' 보도(2001.7.6)
- 〈월간 베이비〉 특집 '만나 보고 싶었습니다' 27년 베테랑작명가 인터뷰(2001년 9월호)
- 〈조선일보, 국민일보, 매일경제〉 등 7개 신문에 작명봉사를 보도(2002.8.2)
- 멕시코 〈韓人매일신문〉 성공시대 '이름 지어 주는 호적 공무원' 보도(2002.8.12)
- 〈국정뉴스〉 '봉사하는 호적 공무원' 보도(2002.8.15)
- 월간 〈한겨레21〉 '아기이름 지어 주는 아름다운 공무원' 인터뷰(2002.8.15)
- 월간 〈여성조선〉 '5년 동안 신생아 무료 작명한 호적팀장' 인터뷰(2002.10월호)
- 월간 〈공무원연금〉 '아기이름 지어 드려요' 인터뷰(2002년 10월호)
- MBC TV 생방송 〈화제집중〉 출연(2003.3.19)
- 〈Best life partner〉 '함께 하는 사람들' 인터뷰(2003년 4월호)
- 〈한국일보〉 '5년간 4,000명 이름 지어줬죠' 인터뷰(2003.4.14)
- MBC FM 〈이창수의 굿모닝쇼〉 생방송 출연(2003.6.16)
- 〈The Happy Weekly Face〉 '작명도사로 불리는 호적 공무원' 특집 인터뷰
- 〈세계일보〉 해피투게더 '영세민 장애인 무료작명 7년째' 보도(2004.8.3)
- KBS 2TV 〈세상의 아침〉 '한글 이름 사라진다' 보도(2004.10.7)
- CNM TV, 〈9시 뉴스〉 '작명하는 공무원' 보도(2006.1.19)
- 〈조선일보〉 이름의 변천사 '재야 성명학 전문가 이동우 동장' 보도(2006.9.22)
- 〈육아방송〉 육아 매거진 인터뷰(2008.4.4)
- 월간 〈베이비〉 '성명학' 보도(2009년 3월호)
- 〈중앙일보〉 '3,000명 이름 지은 공무원 작명가' 인터뷰(2009.7.10)
- TBS 〈박정숙의 오늘〉 '메트로 이슈' 생방송 출연(2009.7.13)
- KBS TV 〈뉴스전망대〉 '성명학계 최고권위자 이동우' 출연(2009.7.28)
- 〈조선일보〉 '이동우 성명학자' 보도(2009.7.29)
- SBS TV 〈뉴스와 생활경제〉 '이동우 성명학자님' 방영(2009.8.28)
- KBS 2TV 〈뉴스타임〉 '이동우 성명학전문가' 방영(2009.8.19~10)
- KBS 2TV 〈다큐 30〉 '이동우 작명가 공무원' 방영(2009.9.9)
- 행정안전부 월간 〈지방행정〉 '작명 스타 공무원' 인터뷰(2009.12월호)
- 〈Weekly 공감〉 '서울시 지방행정의 달인(작명달인) 선정' 보도(2011.1.16)
- KBS 〈나의 삶 나의 보람〉 '전국 최고 권위의 성명학자이며 심리상담 전문가, 주례전문가'로 출연(2011.2.15~16)
- 조선일보, 중앙일보, 동아일보, 한겨레신문, 문화일보, 대한매일, 경향신문, 국민일보 매일경제 등 주요 일간지는 물론 멕시코 韓人매일신문 KBS, MBC, SBS, YTN, TBS, MBN, 육아방송, YTN TV와 라디오, 잡지 등 150여 회 보도

추천사

사람이 처음 만나게 되면 인사를 나누게 되며 이때 제일 먼저 명함을 내밀며 이름을 알리게 됩니다. 사람뿐만 아니라 모든 사물과 생물에는 각각 자신을 지칭하는 칭호가 있습니다. 더군다나 인간이라면 누구나 자신의 이름을 세상 사람들에게 알리며 명예를 얻고자 합니다. 이것이 이름이 가지고 있는 중요한 의미가 아닐까 생각합니다.

본인은 성명학을 깊이 있게 알지 못하여 성명학상 어떤 이름이 좋고 나쁜지 판단할 수는 없지만 무엇인가 어감이 이상하고 뜻이 이상한 이름을 만날 때가 있습니다. 자신의 이름에 당당함을 갖는다면 상관이 없겠지만 대부분의 사람들이 자신의 이름이 발음이 이상하거나 뜻이 이상하면 부끄럽게 여기게 되며 나아가 자신의 이름을 밝히는 순간에도 떳떳하지 못하게 됩니다. 떳떳하지 못한 마음은 업무에도 영향이 미칠 것이라고 생각합니다. 좋은 이름 짓기의 중요성은 바로 이런 점에 있는 것이 아닌가 생각합니다.

유가에서는 명체불리(名體不離)라고 말합니다. 공자께서도 선정기명(先正基名)이라 하였고, 주자도 유명천추(留名千秋)라고 말씀하셨습니다. 이것은 역사 이래로 이름의 중요성을 강조한 것이 아닌가 생각합니다.

비단 유가에서만 이름의 중요성에 대해서 이야기하고 있는 것이 아닙니다. 불가에도 법명이 있고 천주교에도 세례명이 있는데 법명이나 세례명을 부여받을 때의 엄숙한 의식은 부여되는 이름의 소중함 때문이 아닐까 생각합니다. 예수님께서도 '아름다운 이름이 보배로운 기름보다 낫고 좋은 이름이 많은 재산보다 낫다(전도서 7:1)'고 말씀하셨습니다.

이동우 성명학자와의 인연은 성균관대학교 유학대학원장 때 교수와 학생으로서 그 인연이 시작되었습니다. 새로운 것을 배워나가는 것에 나이에 상관없이 두려움이 없는 모습이 무척 인상 깊었다고 생각합니다. 후에는 서초구청 민원실에 신생아 작명 코너를 설치하여 무료 봉사하는 모습을 보고, 또 신문, 방송, 잡지 등 매스컴을 통하여 성명학계의 최고 권위자라는 기사를 접하면서 좀 더 자세히 이동우 성명학자에 대해서 알게 되었습니다.

세상을 살다 보면 누군가에게 꼭 필요한 사람이 있고, 있으나 없으나 큰 차이가 없는 사람이 있으며, 반면에 세상에서 없어야 될 사람이 있습니다. 바쁜 공직생활 중에도 타인을 위해 봉사하는 마음을 갖고 이를 실천에 옮기는 이동우 성명학자는 제가 볼 때 이 세상에 꼭 필요한 사람이 아닐까 생각합니다.

최근 이동우 성명학자가 성명학전서를 집필하고 있다는 소식을 접하면서 공직생활의 마무리 시기에 또 한 번의 도전을 통해 후학들과 일반 대중에게 새로운 지식을 전파하려는 모습에 기쁜 마음으로 추천사를 쓰게 되었습니다.

'How to Name 이동우 성명학 전서'의 내용을 면밀히 살펴보니 글로벌 시대, 지식정보화 시대에 걸맞게 간략하고 초보 입문자에서 주부, 학생, 일반인 누구나 알기 쉽게 이름을 지을 수 있도록 구성되어 있었습니다. 현학적인 말로 독자들에게 어려운 숙제만 안겨주는 것이 아니라 성명학 전서만을 읽고서도 좋은 이름을 지을 수 있는 실용적인 면이 돋보이는 저서라고 확신합니다.

성균관대학교 전 유학대학원장
철학박사 이동준

서문

　이름은 다른 사람에 의해 만들어지고, 다른 사람들이 더욱 많이 부르지만 분명한 것은 이름은 나만의 것이고 나라는 사람을 대표하는 상징입니다. 사람을 처음 만나게 되면 서로가 이름부터 알고자 하고, 사람들 간의 대화 속에서도 어느 누군가를 칭할 때 이름을 말하지 않으면 바로 떠오르지 않습니다.

　사람이라면 누구나가 다른 사람들에게 좋은 모습으로 다가가고 기억되기를 원합니다. 좋은 옷, 예쁜 옷, 멋진 머리스타일로 다른 사람에게 부각되기를 바라는 것처럼 이름 또한 다른 사람에게 좋은 기억으로 남게 되기를 원하는 것은 당연한 일입니다. 하지만 이름은 맘에 들지 않으면 바로 바꾸어버릴 수 있는 외양과는 다른 것입니다.

　대한민국 건국 이래로 이름은 특별한 사정이 허락되지 않는 한 함부로 바꿀 수 없습니다. 이 말은 사람은 태어나는 순간 정해진 자신의 이름이 마음에 들건 안 들건 평생을 써야 한다는 의미입니다. 사람은 누구나가 명예를 소중히 여기고 자신의 이름을 후세까지 남기기 위해 노력을 합니다. '호랑이는 죽어서 가죽을 남기고, 인간은 죽어서 이름을 남긴다'는 의미는 인간이 죽어도 그 이름은 살아 있다는 의미입니다.

　마음에 들지 않고 불운을 몰고 오는 이름을 바꾸어서 한순간에 인간의 팔자가 바뀐다는 것은 웃기는 이야기가 되겠지만 이름을 바꾸어서 인간이 자신감을 얻고 그 자신감을 바탕으로 성공적인 삶을 살아갈 수 있다는 것은 인과관계가 명확한 이야기가 될 수 있습니다.

　이름은 영(靈)과 육체(肉體)를 연결하며 영동력(靈動力)을 발휘하는 그 인간의 정체성을 지닌 총체적인 그릇입니다. 인간이라면 누구나가 건강하고 행복하게 부귀영화를 누리며 살기를 희구하며 조그만 일이라도 혼신의 노력을 다하며 살게 됩니다.
　귀여운 아기를 잉태하면 먼저 태명이 있어야 하고 아기가 태어나면 생의 상징인 고유명사, 즉 이름이 있어야 하듯이 온 우주의 만물은 작은 미생물에서부터 우리 인간들까지 하나같이 칭호가 있어야 합니다. 고로 사람들은 개명은 물론 회사명과 상호, 연예인의 예명, 정치인의 아호 등을 잘 지어서 각 분야별로 성공할 수 있도록 좋은 이름을 작명하기를 원합니다. 하지만 마땅히 작명할 곳을 찾지 못하여 고민하는 아기 부모들을 보고 필자는 서초구청 호적팀장에 발령받은 이후 무료 작명봉사를 실시한 지 어언 13년이 되었습니다.
　처음에는 서초구민과 저소득층을 포함한 전 국민을 대상으로 작명해 오다가 2009년 11월 선관위에서 공직선거법에 위배된다는 통지를 받고 일반인들에게는 작명을 못 해주고 기초생활수급자나 어

려운 저소득층을 위하여 작명을 해주게 된 것이 무려 5,000여 명에 이르게 되었습니다. 그러다 보니 작명을 받아간 사람들은 물론 각 언론과 매스컴의 PD, 작가, 기자들이 누구나 쉽게 작명할 수 있는 성명학의 체계를 갖춘 전문서 출간을 간곡히 요청하고 건의하는 데 이르게 되었습니다. 그러나 필자는 성명학이라는 학문이 매우 심오하고 고차원적인 분야이며 필자의 미숙한 점이 유능한 선배님들이 쌓아올린 학문적 성과를 오히려 퇴보시키지 않을까 하는 우려에 집필을 계속 뒤로 미루어왔습니다.

하지만 공직 35년을 마무리하면서 40여 년의 오랜 수련과 실제 작명 경험을 통한 성명학의 과학성에 대한 실증적 산지식을 바탕으로 후세들에게 무언가 하나의 흔적을 남기고자 본서의 출간을 결심하게 되었습니다. 미흡하나마 성명학의 형이상학적 체계를 학문으로 정립하여 본인이 직접 풀어볼 수 있고 어느 누구에게 감평해 보아도 좋다는 이름을 지을 수 있도록 통설과 다수 학설에 의해 유비쿼터스, 디지털 시대에 부응하여 부르기 쉽고 상대방이 알아보기 좋은 한자로 글로벌 시대에 걸맞은 이름을 지을 수 있도록 본서를 내놓게 되었습니다.

본서는 초보 입문생, 일반인, 주부, 학생에 이르기까지 누구나 관심이 있는 사람이면 생활의 양서로 도움이 되도록 작명에 필요한 선천사주, 추명학의 기초이론과 한글소리 5행을 중심으로, 수리4격론, 한자의 뜻, 동양사상의 핵심인 음양오행론을 자세하게 서술하여 누구나 이 책 한 권으로도 쉽게 본인이 직접 작명과 감평을 해 볼 수 있도록 엮었습니다. 부디 본서가 세상의 복을 받고 태어난 자녀에게 예쁘고 의미 있는 이름을 지어주는 데 조금이나마 보탬이 되었으면 합니다.

　끝으로 본서가 발간되기까지 도움을 주신 진익철 서초구청장님을 비롯한 OK민원센터의 관계 공무원과 한솜미디어 편집팀에 깊은 감사를 드리고, 항상 멘토 역할을 하는 아들 철민, 딸 지현 그리고 사랑하는 아내에게 고마움을 표하며, 초판 발행 후 2년 만에 본서는 성명학의 교과서이며 교본이라는 평가 아래 전국 서점과 인터넷에서 품절되어 초판 발행 시 미흡한 점을 보완하여 개정 증보판을 발행하게 됨을 독자 여러분께 다시 한 번 진심으로 감사 드립니다.

성명학자 文公

차례

추천사 / 7
서 문 / 10

제1장. 좋은 이름 이렇게 짓는다

1. 이름의 중요성 ··· 21
2. 좋은 이름이란 ··· 23
3. 좋은 이름 작명하는 법 ································· 25
4. 나의 이름을 간단히 풀어보는 법 ················· 27
5. 상호, 아호, 회사명, 제품명, 예명 작명 원리 ············· 31
   1) 상호, 회사명, 제품명 / 31
   2) 아호, 예명 / 31
6. 나쁜 이름은 어떻게 할 것인가? ··················· 33
   1) 개명해야 할 이름 / 34
   2) 좋은 이름으로 개명하는 요령 / 35
   3) 개명하는 절차 / 35
   4) 개명 신청 시 필요한 서류 / 36
   5) 개명 후 효과 / 37
   6) 개명 에피소드 / 37
     (1) 개명으로 아픈 병이 낫다 / 37
     (2) 개명으로 왕따에서 벗어나다 / 38
     (3) 개명으로 성적이 오르다 / 39
     (4) 개명 효과로 처녀 총각이 결혼한 사례 / 39
   ▎이름에 쓰면 나쁜 글자 _ 40

제2장. 운명철학의 의의

1. 오행(五行) ·· 53
   1) 오행의 의의 / 53
   2) 오행과 계절 / 54
   3) 오행과 인체 건강 / 54
   4) 오행의 상생원리 / 54
   5) 오행의 음(陰)·양(陽) / 55
   6) 오행 속성과 신체기관 / 55

2. 오행의 상생(相生)·상극(相剋) 법칙 ·············· 58
   1) 기(氣)란 무엇인가 / 58
   2) 오행 간 상생의 원리 / 59
   3) 오행 간 상극의 원리 / 60
   4) 한글소리 오행 / 61
   5) 이름을 보면 건강이 보인다 / 62
      (1) 오장육부란 / 63

3. 사주추명학(四柱推命學) ····························· 65
   1) 사주추명학이란 / 65
   2) 천간(天干) / 66
      (1) 천간(天干)이란 / 66
      (2) 천간합(天干合) / 66
   3) 지지(地支) / 67
      (1) 지지(地支)란 / 67
      (2) 지지합(地支合) / 67
      (3) 삼합(三合) / 68
   4) 육십갑자(六十甲子) / 68
   5) 사주(四柱) / 69
      (1) 사주(四柱) 구성 / 69
      (2) 사주의 의미와 세우는 법 / 69

4. 삼재(三災) ··· 73
   5. 제왕절개 택일법 ·· 76

제3장. 성명학의 발음과 수리

   1. 발음 ·· 81
      1) 한글 발음의 오행 / 81
      2) 한글 발음과 획수 / 81
      3) 영어 발음의 오행 / 82
      4) 영어 발음과 획수 / 82

   2. 수리 4격 길격론 ··· 83
      1) 원격(元格) / 83
      2) 형격(亨格) / 83
      3) 이격(利格) / 84
      4) 정격(貞格) / 84

   3. 천인지 삼재(삼원)론 ·································· 85
      1) 천격 / 85
      2) 인격 / 86
      3) 지격 / 86
      4) 외격 / 87
      5) 총격 / 87

   4. 성명학의 원획법과 필획법이란? ··············· 88
      1) 원획법 예시 / 89
      2) 필획법 예시 / 89

   5. 음양배열과 수리 구성 ································ 95
      1) 음양배열 / 95

2) 작명 시 음양배열의 원칙 / 96
　　　(1) 3자 성명인 경우 / 96
　　　(2) 2자 성명인 경우 / 97
　　　(3) 4자 성명인 경우 / 97

　　3) 수리 구성 / 98
　　　(1) 1자 성에 이름이 2자인 경우 / 98
　　　(2) 1자 성에 이름이 1자인 경우 / 99
　　　(3) 2자 성에 이름이 1자인 경우 / 100
　　　(4) 2자 성에 이름이 2자인 경우 / 101
　　　(5) 1자 성에 이름이 3자인 경우 / 101

제4장. 용마하도, 신구낙서와 81수의 영동력

1. 용마하도(龍馬河圖)와 신구낙서(神龜洛書) ·················· 105
2. 81수의 영동력(靈動力) ·· 109

제5장. 오행원리

1. 오행 속성원리 ·· 135
　　1) 오행 木의 속성원리 / 135
　　2) 오행 火의 속성원리 / 144
　　3) 오행 土의 속성원리 / 153
　　4) 오행 金의 속성원리 / 162
　　5) 오행 水의 속성원리 / 171

제6장. 성씨 길격(吉格) 수리 구성 조견표

　　1) 2획성 한자 / 183
　　2) 3획성 한자 / 184

3) 4획성 한자 / 185
4) 5획성 한자 / 187
5) 6획성 한자 / 188
6) 7획성 한자 / 190
7) 8획성 한자 / 192
8) 9획성 한자 / 194
9) 10획성 한자 / 196
10) 11획성 한자 / 198
11) 12획성 한자 / 199
12) 13획성 한자 / 201
13) 14획성 한자 / 202
14) 15획성 한자 / 204
15) 16획성 한자 / 206
16) 17획성 한자 / 208
17) 18획성 한자 / 209
18) 19획성 한자 / 210
19) 20획성 한자 / 211
20) 21획성 한자 / 212
21) 22획성 한자 / 213
22) 24획성 한자 / 214
23) 29획성 한자 / 215

제7장. 인명용 한자의 획수·음훈별 오행분류표

▌인명용 한자의 획수·음훈별 오행분류표 _ 219

제8장. 인명용 한자(가나다 순)

▌대법원 인명용 한자 _ 258

제 1 장

좋은 이름 이렇게 짓는다

작명은 사주에 타고난 선천운을 정확하게
분석 검토해야 하며
부족한 부분과 필요로 하는 조건을
충분히 보강하여 지을 때
좋은 이름의 참뜻을 발휘하며
악운을 피하고 행복해질 수도 있다.

# 1 이름의 중요성

여성이 아이를 잉태하게 되면 이 세상의 모든 아빠와 엄마는 제일 먼저 아기의 건강과 엄마의 건강을 생각할 것이다. 그리고는 곧 태어날 아기에게 이름을 어떻게 지어줄까 고민하게 된다.

이름은 그 사람의 인생에 아주 중요한 영향을 끼칠 뿐 아니라 한 번 지어주면 평생 불리기 때문이다. 뿐만 아니라 죽어서 육신은 없어져도 역사에 영원히 기록되고 후세에까지 전해지며 이름은 자신이 살아온 행적을 고스란히 담아 누구는 이러이러하게 살아왔노라고 정신적, 교훈적 유산으로 길이 남기게 된다.

이 세상에서 가장 소중한 내 아기가 평생 동안 사용하게 될 이름이란 어떤 의미가 있을까?

사람은 모체로부터 태어날 때 타고나는 선천적인 운명과 탄생 후에 후천적으로 갖게 되는 이름이 있으니 운명과 이름은 육체와 영혼처럼 불가분의 관계로 존립하게 마련이다. 운명은 사람이 출생할 때 이미 정해지는 선천운이지만 성명학은 사람이 타고난 선천운명에 대하여 후천적으로 가공되는 이름의 유도력으로써 선천운명을 조화하여 후천운명을 호전 선도하는 것에 목적이 있다.

성명학을 간단히 정의하면 우주의 고차원적인 수리와 대 생명력과 창조력의 근원인 음양오행의 원리를 기초로 한 동양학으로서 과학적인 체험통계를 포함하여 우주순환의 기과학과 영과학의 일부를 내포한 종합과학이며 형이상학적인 학문으로 다각적으로 연구 발전되어야 한다고 판단한다.

작명은 사주에 타고난 선천운을 정확하게 분석 검토해야 하며 부족한 부분과 필요로 하는 조건을 충분히 보강하여 지을 때 좋은 이름의 참뜻을 발휘하며 악운을 피하고 행복해질 수도 있다. 세계가 하나로 되는 지식정보화 시대에 맞게 오로지 자기만의 상징, 표현의 가치로써 그리 쉬운 학문이 아니라는 것을 염두에 두지 않으면 아니 되겠다.

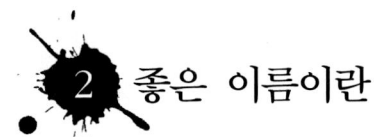
2 좋은 이름이란

좋은 이름이란 우선은 음양오행과 사주추명학의 원리에 맞아야 한다. 또한 누구나 부르기 쉽고, 기억하기 쉬우며 듣기 좋아야 한다. 아무리 좋은 의미를 담고 있는 이름이라도 기억하기 어렵고 듣기 모호한 이름은 결코 좋은 이름이라고 말할 수 없을 것이다. 뜻이 좋아야 함은 물론이고 간혹 한자의 뜻 자체는 좋지만 이름에 쓰면 불길하다고 해서 피하는 문자가 있다. 이런 문자(p.40)는 피하는 것이 좋다.

▎좋은 이름의 조건은 다음과 같다.

① **꿈과 희망이 가득 담긴 미래지향적인 의미여야 한다.**
- 이름자에 좋은 뜻이 없다면 문자를 나열하는 데 불과하기에 성장 과정에서 목적의식을 갖지 못할 수도 있다.

② **이름은 상징성이 강하게 작용하기에 자신을 대표해야 한다.**
- 개성 있고 기억하기 쉬운 이름이 좋다.

- 지나치게 튀는 이름이나 알기 힘든 어려운 한자 이름은 대인관계를 저해하게 된다.

③ **부르기 좋고 듣기 좋아야 한다.**
- 좋은 뜻의 이름도 부르기가 어렵고 불러서 어감(語感)이 나쁘면 놀림을 당할 수도 있다.

④ **선천 사주 등과 조화를 이루어야 한다.**
- 기본적인 성격과 운(運)은 선천적으로 타고난다. 선천운보다 너무 강한 이름이나 너무 소극적인 이름은 피해야 한다.
- 선천운과의 조화, 음양오행의 조화, 길한 수리 등에 충실하여 동양사상의 핵심인 오행 상생(相生)의 원리가 적용되게 하여 선천적으로 타고난 운로가 제대로 발휘되도록 해야 하며 부족한 부분을 도울 수 있어야 한다.

⑤ **이름에 써서 안 좋은 불용문자를 피해야 한다.**
- 이름에 쓰면 나쁜 글자를 참고하기 바란다.

3 좋은 이름 작명하는 법

① 만세력에서 선천 사주를 뽑는다.
- 음력 2010년 1월 1일 낮 12시 출생자면 사주가 庚寅, 己丑, 己丑, 庚午(입춘이 1월 2일이기에 경인년으로 봄)
- 木이 1, 火가 1, 土가 4, 金이 2, 水가 0이면 水가 부족하여 水를 보충하며 격국 용신에 맞도록 짓는다.

② 한글소리 오행에 상생되도록 찾는다.
- 성씨가 李씨라면 이는 土이므로 土金水, 土火土, 土土金, 土金土 등으로 한다(한글소리 오행 편 참고).

③ 한자는 대법원 인명용 한자 편에서 양호한 글자를 찾는다.
(대법원 지정 인명용 한자 편, 이름에 사용하면 불길한 문자 편 참고)

④ 한자 획수의 陰과 陽의 수를 배열에 맞도록 조합한다.
- 전술한 바와 같이 한자 획수에서 홀수는 陽수요, 짝수는 陰

수이다.
- 한자 획수가 전부 陽이거나 전부 陰이 아니면 된다. 단, 사주가 순양(純陽)이거나 순음(純陰)인 경우는 예외로 한다.

⑤ **元, 亨, 利, 貞의 수가**
- 11, 13, 15, 16, 17, 18, 21, 23, 24, 25, 29, 31, 32, 33, 35, 36, 37, 38, 39, 45, 47, 47, 49, 51, 52, 53, 57 등 좋은 수를 적용한다(수리 4격론과 81수의 영동력 편을 참고).
  ※ 참고로 여성은 23획이 불길하다고 주장하는 일부 학자도 있으나 여성의 사회활동이 활발한 현시대에는 여성의 이름에도 양호하다.

- 즉 성씨가 李씨면 7획이므로 중간자는 8획, 끝자는 10획, 7·8·9, 7·8·10, 7·8·16(성씨별 획수 길격표 참고)

⑥ 마지막으로 앞장의 좋은 이름이란 편을 참고하여 이름을 짓는다.

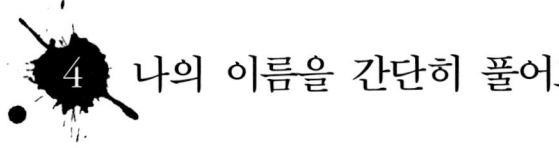
4 나의 이름을 간단히 풀어보는 법

이름의 감정, 감평(이름 풀어보는 법)은 작명과 다를 바 없다. 여기서는 저자 이동우(李東祐)의 이름을 예로 들어 누구나 쉽게 간단히 이름을 풀어보는 법을 서술하고자 한다.

① **한글소리 오행으로 건강관계를 본다**(오행 편 참고).
'이'는 'ㅇ'으로 '土', '동'은 주음이 'ㄷ'으로 '火', '우'는 'ㅇ'으로 '土'이며 土火土로 서로 상생(相生)된다. 또한 주종음(主從音) 관계로 보면 '이'는 'ㅇ'으로 '土'요, '동'은 주음이 'ㄷ'으로 '火', 종음이 'ㅇ'으로 '土', '우'는 'ㅇ'으로 '土'이다. 고로 土火土土로 주음과 종음도 연결 상생하여 오장육부가 튼튼하고 건강하며 활기찬 생활을 한다.

② **성명을 한자로 나열한다**(인명용 한자 편 참고).
【예】 李 東 祐

③ **한자 이름의 획수를 계산한다**(인명용 한자 획수별 편 참고).
【예】 李는 7획, 東은 8획, 祐는 10획

④ 한자의 陰과 陽을 분석한다(음양배열 편 참고).
【예】 李는　7획으로 홀수이므로 양
　　　 東은　8획으로 짝수이므로 음
　　　 祐는　10획으로 짝수이므로 음

　전술한 바와 같아 한자 획수에서 홀수는 陽수요 짝수는 陰수인데, 음양의 조화를 이루니 배우자 잘 만나 아들딸 잘 두고 좋은 성격의 소유자로 대인관계도 원만하다. 한자 획수가 전부 陽이거나 전부 陰이면 불길하다. 음과 양이 고루 혼재되어야 좋은 이름이다.

⑤ 원, 형, 리, 정의 수는 11, 13, 15, 16, 17, 18, 21, 23, 24, 25, 29, 31, 32, 33, 35, 36, 37, 38, 39, 45, 47, 48, 49, 51, 52, 53, 57 등은 좋은 이름이다(수리 4격론과 81수의 영동력 편 참고).

　이름을 합한 숫자 14, 19, 20, 22, 26, 27, 28, 30, 34, 36은 단명 질병, 중도 실패, 의지력 부족, 용두사미, 부부이별, 시험낙방, 반쪽 인생, 인덕이 없다. 13, 25, 29, 33은 총명, 천재의 수. 32 요행수. 15, 21획은 리더, 통솔자. 16, 24, 29, 31 재벌가. 17, 18, 21, 23, 의지, 끈기, 노력 등을 암시한다.

⑥ 종합운세
　　【예】 李 7,　東 8,　祐 10

■ 초년운, 원격 : 東 8 + 祐 10 = 18 (융창 · 발전격의 수)

　종교적이며 학자적인 반면 혁신적인 사고가 있으며 뛰어난 지모 재략과 패기로 소기의 목적을 달성하며 별다른 어려움 없이 모든 일을 극복 매진하여 과업을 이루며 사회활동에 적극적이다 보니 가정생활에 소홀해질 수도 있다

■ 중년운, 형격 : 李 7 + 東 8 = 15 (복수 · 통솔격의 수)

　지와 덕을 겸비하여 일찍이 부귀와 영화를 누리는 위치에 서게 되며 성격도 침착 성실하여 대인관계가 원만하여 모든 사람이 추종하는 위치에 있으며 부하를 다스리는 통솔력은 출세와 성공의 지름길이기도 하다. 외유내강의 성품으로 자수성가하게 되며 후손도 번성한다.

■ 사회적인 운, 리격 : 李 7 + 祐 10 = 17 (창달 · 용진격의 수)

　투철한 사명감과 강한 의지로 매사에 적극적으로 활기가 넘쳐 흐르는 기질을 가지고 있는 격으로 친화력이 강하여 대중의 인기를 끌 수 있다. 반면에 완강한 고집으로 목표달성에 장해요인이 될 수도 있으니 인화유덕에 노력이 필요하다.

■ 말년운, 정격 : 李 7 + 東 8 + 祐 10 = 25 (재록 · 안강 · 건창격의 수)

　이해력이 풍부하여 모든 사람으로부터 존중을 받으며 지혜 다능하여 매사에 성실하고 끈기 있는 행동으로 반드시 성공을 거두게

되는 수이다. 온갖 어려움에도 두려움을 모르고 초지일관으로 과업을 달성하고 추진력과 인덕을 겸비하여 부부운과 자녀운이 좋은 자수성가로 부귀 공명하는 운세이다.

상기 이름은 선천운을 제외한 아주 간단한 감정 방법이므로 종합적인 이름을 감정해 보려면 전문가의 상담이 필요하다.

5 상호, 아호, 회사명, 제품명, 예명 작명 원리

상호나 아호, 회사 이니셜, 식당 이름도 작명의 원리는 사람 이름을 짓는 것과 거의 같다.

1) 상호, 회사명, 제품명

사람의 이름을 작명하는 게 중요하듯이 식당이나 회사 등의 상호를 짓는 것도 상당히 중요하다. 특히 상호나 회사명의 경우 대표자의 선천운을 바탕으로 업종 등을 고려하여 대중을 상대로 인기를 끌 수 있고 번창과 재운이 있는 이름으로 작명해야 한다.

2) 아호, 예명

아호나 예명은 주로 중년 이상을 살아오며 본명이 나쁘다거나 아니면 유명인사로 대내외적으로 알릴 필요가 있는 연예인, 예술계통, 시인, 소설가, 서예가 또는 정치가나 그룹 대표 등이 주로 사용한다. 예로 정주영은 호가 아산, 김종필은 운산 등을 사용하고 있다.

　아호나 예명의 작명법도 이름 작명법과 같지만 사업이나 직업에 관련하여 사용하는 경우가 많으며 성명학상 불길문자인 암(岩), 산(山), 운(雲) 등의 한자도 한 폭의 그림이 되도록 작명하면 좋다는 학설도 있다. 또한 아호나 예명을 성명과 함께 사용하는 경우가 많은데 성명 앞에 주로 붙이는 아호라면 성명까지 연결하여 한글소리 오행도 주음 간 상생 또는 주종음 간 상생하거나 주종음 간 연결·상생하도록 하면 된다.

6 나쁜 이름은 어떻게 할 것인가?

살아가면서 모든 일이 시작은 잘 되는데 끝을 못 맺거나 될 듯 될 듯하면서 안 되는 건 과연 어떤 이유 때문일까? 물론 노력 부족이거나 주변 환경이 따라주지 않는 경우도 있을 것이다. 그러나 같은 노력을 하면서도 누구는 대박을 터트리고 매사형통하고 누구는 항상 질병과 번뇌 속에서 허송세월을 하는 경우가 있다. 이 경우 단지 노력이나 환경의 문제로만 넘길 수는 없을 것이다.

몸이 아프면 의사를 찾아야 하고 배가 고프면 식당을 찾아야 하며 이름이 나쁘면 작명 전문가를 찾아야 한다. 작명가를 찾는다면 역시 덕망과 지식이 갖춰진 작명 전문가로, 이왕 이름을 바꾸려면 사용하는 이름보다 더 좋은 이름으로 바꾸어야 할 것이다.

종전에는 사회적 혼란을 이유로 가정법원 개명판결 시 너무 신중하게 처리하다 보니 개명허가가 많지 않은 게 사실이었다. 그러나 최근에는 개인의 헌법상 보장된 행복추구권적 입장에서 개명허가 판결을 조건만 맞으면 대부분 허가하고 있다.

종전에는 법률상 개명을 하려면 먼저 가정법원의 약식 재판을 받도록 규제했다. 이는 이름을 아무런 제한이나 규제 없이 바꾸게 되면 기존에 써오던 이름으로 형성되어 왔던 신분이나 신용관계 등이 개명허가 시 사회적으로 초래될 혼란과 부작용 등을 줄이고자 하는 공공적 측면과 개명 신청인의 주관적 필요성과 개인이 얻을 수 있는 이익까지도 함께 충분히 고려해야 했다. 그러므로 개명허가를 위해서는 개명을 허가할 상당한 이유가 있다고 판단되어야 하고, 범죄나 법령에 따른 각종 제한을 회피하려는 불순한 의도나 목적이 개입되어 있는 등 개명신청권의 남용으로 볼 수 있는 경우가 아니라야 원칙적으로 개명을 허가함이 상당하다고 하였다.

그런데 최근에는 이름을 사용할 권리, 즉 성명권은 행복추구권과 인격에 해당되어 본인이 이름을 고칠 의지만 있으면 사회적인 혐오감과 범죄행위의 목적이라는 불순한 의도가 아니거나 사회적인 혼란이 없다고 판단되면 언제든지 개명 조건에 맞추어 법원에 개명 신청만 하면 개명이 가능하다.

지난 10년간 흉악범과 같은 이름 등 주로 놀림을 당하는 이름을 가진 85만 명이 개명을 신청하였는데, 하루 56명에 1명꼴로 개명 신청을 냈고 이 가운데 86.4%가 개명이 허가되었다. 대법원에 따르면 개명 허가율이 2005년에 80% 내외였던 것이 지난해 93%로 증가했다. 이는 행복추구권과 인격권을 존중한 좋은 현상이라고 생각된다.

1) 개명해야 할 이름

① 놀림을 당하는 이름 : 김성기, 주길자, 김치국, 나병균, 임신자, 임신중, 조지나, 최연지, 박설희, 홍지자 등

② 성명학상 안 맞는 이름 : 선천 사주, 음양오행, 수리 4격, 자의 등
③ 부를 때 발음이 불분명한 이름
④ 일가친척과 중복된 이름
⑤ 성명이 4글자 이상인 이름
⑥ 일본식 이름인 경우 : 춘자(하루꼬), 설자(유끼꼬) 등
⑦ 현재 이름과 가족관계등록부와 상이할 때
⑧ 순 한글 이름 또는 인명용 한자에 없어 한글만 등재된 이름
⑨ 외국에서 귀화한 외국인 이름
⑩ 발음이나 뜻이 불쾌감을 주는 이름
⑪ 흉악범과 같은 이름

2) 좋은 이름으로 개명하는 요령

이름이 나빠서 개명할 경우에도 제1장의 좋은 이름 작명하는 법을 참고하기 바란다.

3) 개명하는 절차

① 개명해야 할 이름을 좋은 이름으로 작명 전문가에게 의뢰해 작명
② 새로 지은 이름은 주소지 또는 본적지 관할법원에 개명허가 접수
   (본인 또는 대리인)
③ 신청비 : 인지대 1,000원, 송달료 18,120원(2011. 3. 22 현재)
④ 개명허가 결정(법원) : 미성년은 1개월, 성인은 2개월 정도의 기간 필요
⑤ 개명허가 결정문 7일 이내 통보

⑥ 법원에서 송부된 결정문에 '허가한다'라고 기재되었으면 허가된 것
⑦ 개명신고 : 결정문을 가지고 구청이나 읍·면사무소에 신고하면 가족관계등록부가 변경되며 주민등록 사항은 행정안전부 전산망으로 자동 변경된다.
⑧ 여권, 면허증, 졸업장, 자격증, 예금통장, 신용카드 등은 신규 주민등록증을 발급받은 후 발행기관에 신고함으로써 모든 절차가 끝난다. 단, 주소지 관할법원이 개명 불허한 경우는 본적지 관할법원에 다시 신청할 수도 있으며 본인이 개명할 의지만 있으면 주소지를 다른 법원 관할로 전출 후 재신청할 수도 있다.
⑨ 이름이란 불러줌으로써 영육(靈肉)의 동력(動力)을 발휘하여 효과가 있기에 많이 불러줌으로써 효과가 나타난다고 한다.

4) **개명 신청 시 필요한 서류**(2013년 7월 1일자 서류 간소화됨)

- 본인 기본증명서
- 본인 가족관계증명서
- 본인 주민등록등본(최근 6개월 이내 발급)
- 본인 아버지 살아계실 때 본인 아버지 가족관계증명서
- 본인 어머니 살아계실 때 본인 어머니 가족관계증명서
  (부모 사망 시 2008년 이전 제적등본)
- 자녀가 19세 이상 자녀가 있는 경우 각자의 가족관계증명서
- 사건 본인이 손자가 있는 경우 사건 본인의 자녀의 가족관계증명서
- 본인 신분증, 계좌번호

5) 개명 후 효과

① 선천사주가 안 좋더라도 후천운인 이름이 좋으면 복을 지을 수가 있다. 굳이 호적은 고치지 않더라도 아호를 지어 보충하는 방법도 있다.
② 병약한 사람이 건강해질 수도 있고 왕따를 당한 학생이 개명하여 학교생활에 잘 적응하는 예도 필자가 직접 경험해 보았다.
③ 흉운을 피해서 행운을 맞이할 뿐만 아니라 성적이 부진한 학생이 우등생이 될 수도 있다. 교육학적 로젠탈 효과, 의학적으로 말하는 플라세보 효과(placebo effect)나 피그말리온(pygmalion) 현상과 유사하다고도 할 수 있겠다.

6) 개명 에피소드

(1) 개명으로 아픈 병이 낫다

서초구 원주민으로 농장을 경영하는 김모씨는 딸의 이름을 7~80년대 인기 탤런트 김○란과 같은 이름으로 지었다. 이유는 본인이 그 탤런트의 팬이었기 때문이라고 한다.

그 후 김○란의 몸이 아픈데 병원에 가도 병명이 안 나오는 이상한 현상을 겪었다고 한다. 그런데 어느 날 우연히 작명소에서 이름을 감평해 보았는데 이름이 안 좋아서 몸이 늘 안 좋고 아프다는 것이었다. 하지만 당장 작명소에 찾아가 이름을 개명한다는 것이 그리 쉽지 않았다.

2004년 대학생이 된 김○란은 서초구청에서 아르바이트를 하다가 민원여권과장으로 재직하던 필자에게 이름을 감평받았다. 그 후

새로운 김○연으로 작명하여 법원 호적까지 정리하였고 1년 후 아프던 몸은 씻은 듯이 나아 본인으로서는 기적이었다.

그 후 2007년 봄, 필자가 서초2동장에 재직 중 KBS TV에서 신생아 작명 취재 의뢰가 와서 작명 에피소드를 물어본 바 그 사실을 이야기하였다. KBS TV에서는 김○란 본인의 인터뷰는 물론 그 어머님까지 인터뷰를 자청하여 본인의 딸이 이름을 개명하여 모든 병이 나았다고 고마워하던 사례가 있었다.

(2) 개명으로 왕따에서 벗어나다

1999년 어느 봄날, 잡지와 신문을 들고 중년 부인이 고교생 정도 되어보이는 아들을 데리고 서초구청 민원봉사과 호적계에 갑자기 방문했다. 당시 필자는 호적계장으로 신생아 무료작명 봉사를 시작한 지 2년차 되던 해였다.

그녀는 대전에서 살다 고교생인 아들 때문에 서울 중계동으로 이사를 하였다고 했다. 아들 이름이 이○기로 늘 놀림을 당하고 왕따를 당하여 학교에 가는 걸 기피하였고, 그러다 보니 성적이 부진하여 두 차례 전학한 사실이 있었다. 신문에는 D고교의 L군이라고 보도가 되었다.

학생의 어머니는 신문에 언더라인을 그어 와 이게 우리 아들이니 개명을 부탁한다고 했다. 필자는 신생아 작명만 하고 가급적 개명은 하지 않는 걸 원칙으로 하였으나 자식 둔 부모의 심정을 헤아려 개명해 주었다.

그 결과 1년 정도 지난 후에 아이가 학교생활에 적응도 잘하고 성적도 상위그룹으로 향상되었다며 행복해하는 사례가 있었다.

(3) 개명으로 성적이 오르다

3년 전 여름, 안성에서 근무하는 한 아이의 엄마가 찾아온 적이 있다. 그녀는 중학교 교사로 근무를 하고 있었다.

그녀의 고1 아들이 이름이 좋지 않아 집중력이 떨어지고, 의지력이 없어서 오랫동안 공부를 하지 못한다고 했다. 필자가 개명해 준 결과 현재는 자신감을 가지고 열심히 공부하여 성적이 쑥쑥 올라간다는 감사의 전화가 온 사례도 있었다.

(4) 개명 효과로 처녀 총각이 즉시 결혼한 사례

성명학상 음양의 조화가 이루지지 않아 계속 만남이 성사되지 않고 계속 실패하다 개명하여 좋은 배우자 만나 결혼한 사례를 듣고 신생아 작명 의뢰 온 엄마가 이곳에서 개명해서 결혼을 바로 성사하였다 소개받고 방문한 사례도 있었다.

| 이름에 쓰면 나쁜 글자 |

ㄱ

監(감)	부부간 애정운이 불길하며 남자는 사별할 수도 있다.
江(강)	허영심, 고독.
介(개)	이별수, 부부운 불길.
卿(경)	선부후빈격으로 질병이 잦을 수도 있다.
庚(경)	고독, 유두무미격.
慶(경)	예술 방면은 무방하나 경제력 어렵고, 자손이 불길하거나 천박해진다.
桂(계)	고독하며 부부운 불길, 연예계는 양호.
光(광)	일시적인 성공은 하나 소송시비, 재운도 빈약하다.
鑛(광)	고독하고 파란곡절이 심하다.
九(구)	종국의 운세로 수술, 관재, 구설이 많다.
龜(구, 귀)	장수와 건강을 기원하는 뜻에서 사용하는 경우가 있으나 의외로 단명하며 굴곡이 심하다.
國(국)	타향살이, 육친무덕하다.
菊(국)	활동력은 왕성하나 노후가 불안정하다.
貴(귀)	빈천하거나 육친의 불화, 신체가 허약하다.
極(극)	선부후빈격이며 방탕생활을 하거나 변동이 심하다.
根(근)	육친이 무덕하거나 신체건강이 좋지 않다.
今(금)	육친무덕하며 직업과 주거의 변동이 많다.

㉠

琴(금)	두뇌는 명석하나 가정운이 불길하다.
錦(금)	인연이 박약하고 여성은 싱글이 많다.
吉(길)	주색잡기에 조심, 천박하며 불의의 사고나 조난이 우려된다.

㉡

南(남)	부부운 불길하거나 방탕생활을 하는 경우가 많다.
男(남)	육친인덕이 없으며 부부운도 불길하며, 반면 여성은 활동력이 강하다.
女(녀)	불의의 재난이나 사고, 여성은 고독하다.

㉢

大(대)	장남은 무방하나 아우가 쓰면 형에게 해롭다.
代(대)	자손이 적다.
德(덕)	인덕이 박약하며 이별수가 있고 수명이 짧다. 여성은 의외로 큰손도 있다.
桃(도)	예술 분야로 대성할 수도 있으나 이별수가 있고 허영으로 파란만장한 여생을 보낼 수 있다.
乭(돌)	과거에 장수하라는 뜻에서 사용했을지 모르나 삶의 고통이 많고 천박스럽다.

㉢

童(동)	송사가 따르고, 편협하고 소극적인 성격을 갖게 되고, 빈곤한 생활을 면치 못한다.
東(동)	장남, 장녀는 가능하나 차남, 차녀는 불길한 경우가 많다.
冬(동)	무기력하고 소극적이며 파란곡절이 심하다.

㉣

蘭(란)	예술 방면은 무방하나 부부와 자녀운이 불길하거나 건강에 장애가 있을 수 있다.
良(량)	지혜는 다능하나 부모형제의 인덕이 없고 자녀를 위해 항상 근심한다.
連(련)	부부 자녀가 불길하며 의지력 결핍.
蓮(련)	예술 방면 대성할 수도 있으나 의외로 천박한 생활을 하게 된다.
禮(례)	순박하고 천박스러우며 단명할 수도 있다.
了(료)	종말격으로 후손이 번창하지 못한다.
龍(롱)	추상적인 동물로 태몽에 용꿈 꾸면 길하지만 주색잡기나 육친이 무덕하고 시력이 약하다.
留(류)	유두무미격으로 머리는 있으나 꼬리가 없는 격이다.

ㅁ

馬(마)	동물을 뜻하는 자로 우둔하고 천박스럽다. 양띠생과 쥐띠생은 더욱 불길하다.
滿(만)	용두사미로 시작은 있으나 마무리를 못한다.
萬(만)	인덕이 박약하고 자녀운이 불길하고 너무 강직하여 뜻밖에 손해를 본다.
末(말)	신체가 허약하거나 경제적 빈곤을 면하기 어렵다.
梅(매)	예술 분야에 성공할 수도 있으나 의외로 천박해지고 화류계로 나가기가 용이하다.
命(명)	단명하거나 질병이 잦고 부모형제 무덕하다.
明(명)	총명하나 소심하고 대인관계가 부족하며 부부자녀와 이별수가 많다.
武(무)	육친무덕
黙(묵)	선천국과 조화를 이루면 대성하나 우여곡절 많으며 허약체질이 많다.
文(문)	재운이 부족하거나 또는 부부와 육친무덕.
未(미)	쥐띠생에 불길하며 인덕이 부족하다.
美(미)	예술 계통은 가능하나 고독하고 부부이별 등 파란이 잦다.
敏(민)	신경 과민하나 의외로 두뇌가 명석한 경우도 있다.

ㅂ	
法(법)	아호는 가능하나 소심한 성격이며 부부 이별수, 자녀와의 갈등 우려.
丙(병)	허약체질, 교통사고 우려, 화재 조심.
汾(분)	여성은 고독, 이별수가 있다.
寶(보)	예술 방면 가능하나 번뇌가 있다.
福(복)	복을 빼앗아 가니 빈천, 박복, 신체허약하거나 돌싱이 많다.
鳳(봉)	아호로는 가능하나 허영과 자만심이 많아 고독하며 돌싱이 많다.
峯(봉)	아호로는 가능, 파란곡절이 심하다.
富(부)	선부후빈으로 경제적 고통을 당하며 부도 등으로 위기를 겪는다. 투기는 금물.
芬(분)	예술 방면은 무난하지만 고독하며 허영심과 자존심으로 실패를 많이 한다.

ㅅ	
四(사)	사멸파괴 운으로 매사 일사불성, 재난, 흉운, 단명으로 곤고가 심하다.
山(산)	완강한 고집으로 고독하며 자녀 걱정과 부부운도 불길하여 이별 또는 사별할 수도 있다.
三(삼)	이성과 문란하며 구설수가 있으나 의외로 출세하며 축재할 수도 있다.

上(상)	장남은 가능하나 차남 또는 차녀는 불길하며 강한 자존심으로 손해를 본다.
霜(상)	일사불성
生(생)	매사가 일사불성이며 수심 고독이나 의외로 대박 나는 수도 있다.
石(석)	완강한 고집으로 사회생활에 융화가 안 되며 부부의 정 결핍과 자녀 근심.
錫(석)	주색잡기 중 한 가지는 불길하다. 자손 불길.
仙(선)	강한 자존심으로 고독하다.
雪(설)	아호는 가능하며 항산(恒産)이 일조에 사라지는 뜻밖에 재산의 손실이 많다.
星(성)	명예와 권좌에 오를 수도 있으나 일시적인 현상으로 운세가 박약하다. 단명.
笑(소)	희비가 쌍곡을 이룬다.
松(송)	아호는 가능하나 고독하다.
壽(수)	장수하라는 뜻으로 사용하나 허약, 부상, 조난, 요절, 고독, 빈천, 단명할 수도 있다.
淑(숙)	애정번뇌, 부모형제 무덕, 부부운 불길, 고집, 고독, 고난, 신체허약.
순(順)	눈물지격으로 애환이 중복되는 등 파란곡절을 면하기 어렵다.
勝(승)	매사 극복하라는 뜻으로 쓰이나 실패, 파란고독, 곤고 등 재앙을 암시한다.

ㅅ	
時(시)	흥망성쇠의 기복이 많음.
植(식)	재운 또는 처와 자식운 불길.
新(신)	용두사미격
伸(신)	고독, 번뇌, 망상운.
實(실)	여성은 고독하며 부부와 자손운 불길하며, 매사 부진하다.
心(심)	부부와 자녀운 불길, 고독, 허약체질인 경우가 많다.

ㅇ	
岩(암)	아호로는 양호하나 고지식하다.
愛(애)	남편의 사랑을 잃게 되며 파란만장할 수도 있다.
烈(열)	예리한 성품, 고독.
泳(영)	부부운 불길, 고난, 고통.
英(영)	여자는 자만심, 부부와 자녀운 불길, 성격이 거침.
榮(영)	부귀와 영화를 누리라는 뜻에서 작명하지만 고독, 번뇌가 잦다.
五(오)	고독, 부부와 혈육 간의 생리사별(生離死別), 고난, 고통, 수술, 허약, 단명, 시미, 구설, 관재.
沃(옥)	신체허약

玉(옥)	두뇌는 명석하나 고독하며 변화가 심하다. 색난(色難)에 주의를 요한다.
完(완)	장남, 장녀는 가능하나 차남, 차녀는 불길.
雲(운)	아호나 상호는 가능하나 재물운이 흩어진다.
雄(웅)	영웅호걸도 있으나 불행한 경우가 많다.
元(원)	차남, 차녀는 불가하나 장남, 장녀는 가능.
遠(원)	혈육의 생리사별, 불화, 인생행로가 고달프다.
月(월)	고독하며 여성은 돌싱 또는 싱글이 많다.
殷(은)	차남은 불길하다.
銀(은)	심성은 좋으나 인덕이 없고, 재물운 건강운이 불길하며, 신뢰를 받지 못한다.
義(의)	대의를 위해 몸을 바침, 부부이별, 조난, 피살, 객사, 단명.
二(이)	부모, 부부, 자녀운 불길, 이별수.
伊(이)	부모운이 박약하고 고독하게 된다.
仁(인)	장남, 장녀는 가능하나 차남, 차녀는 불길하고, 인화 유덕에 힘쓰면 무난하다.
寅(인)	성격이 부정적이며 원숭이띠나 닭띠생에 이 글자를 사용하면 불길하다.
一(일)	단순한 글자라 인감 위조 우려 등 불길.

ㅇ		
日(일)	의외로 영웅이 될 수도 있으나 매사에 일사불성이며 단명하거나 신체가 허약하다.	
任(임)	천박하거나 부부운 불길.	

ㅈ		
子(자)	눈물과 근심, 재화, 부부운 불길, 신체허약, 불의의 재난, 가정불화, 오미생(午未生) 불길.	
長(장)	장남 가능, 차남 차녀 불길.	
載(재)	신체허약, 부상, 수술, 고난, 고통, 구설, 시비, 관재, 주거와 직장 변동이 많음.	
占(점)	부부와 자녀운 불길, 돌싱이 많다.	
點(점)	용두사미격	
貞(정)	색난에 주의, 육친 무덕.	
晶(정)	부부운 불길, 파란 중첩, 고독.	
珠(주)	신체허약, 애정 번뇌, 망상운.	
中(중)	의외로 영웅호걸이나 구설, 관재수.	
重(중)	불의의 재난.	
仲(중)	실패, 부상, 재난, 관재 구성.	
枝(지)	불화, 조난 등 변화가 많다.	
地(지)	천박하고 허약하다.	

ㅈ	
珍(진)	일사불성
眞(진)	공허격, 허망.
鎭(진)	부모형제 무덕.

ㅊ	
昌(창)	육친무덕
天(천)	장남 가능하나 차남, 차녀는 불길.
七(칠)	투지력이 강하나 천박하다.
川(천)	재산 분산과 탕진.
鐵(철)	재물운이 박하다.
秋(추)	예술계는 무난하나 초혼을 실패하는 경우가 많고 고독하다.
春(춘)	장남, 장녀는 가능하나 차남, 차녀는 천박하다.
忠(충)	부정적인 사고.

ㅍ	
平(평)	미완성이 많다.
風, 豊(풍)	조석지변으로 항산(恒産)이 일조에 사라짐.

㈜

夏(하)	극왕극쇠 운으로 변화가 심하다.
鶴(학)	아호는 가능하나 빈곤하다.
韓(한)	파란곡절
海(해)	파란만장하여 기복이 심하고 항상 불안을 면치 못한다.
幸(행)	인내력 부족.
香(향)	예술 방면 무난하지만 부부 건강이 불길하고 천박하다.
好(호)	속성속패의 불길, 곤고, 억울함, 눈물, 조난, 일시적으로 좋은 경우도 있다.
虎(호)	닭띠생이나 원숭이띠생 불길.
鎬(호)	변동이 잦고 불안정하다.
紅(홍)	산만하고 불안정하다.
孝(효)	자손무덕
花(화)	예술 방면에는 무난하나 허영심과 낭비가 잦다.
華(화)	인덕 없고 끈기가 부족하다.
輝(휘)	선빈후부격
僖(희)	기쁨보다는 어려움이 많고 고독하며 공허하다.
姬(희)	고독, 번뇌, 불안정, 인덕 무덕하다.

※ 상기 한자는 통계학적 의미이며, 선천사주 등에 따라서 불길하지 아니할 수도 있다.

제 2 장

운명철학의 의의

주역(周易)은 바로
음·양의 조화를 64괘(卦)로 나눈 것이며,
오행에다 음·양을 넣어서 우주 자연의 원리와
인간의 운명을 밝혀보자는 학문이
음양오행학(陰陽五行學),
즉 역학(易學)이라는 학문이다.

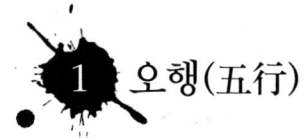

1 오행(五行)

1) 오행의 의의

오행이란 성명학에서는 동양사상의 핵심이론인 수리오행과 음영오행 두 가지로 볼 수 있는데 본장에서는 주로 음영오행(한글소리 오행)을 바탕으로 기술하고자 한다.

지구를 중심으로 많은 행성(行星)들이 있다. 그중에서 가까이 있는 행성으로 목성(木星)·토성(土星)·금성(金星)·수성(水星)이 있어서 태양에서 발산되는 천기(天氣;陽)를 받아서 또 하나의 기(氣)를 형성하게 된다.

목기(木氣)·화기(火氣)·토기(土氣)·금기(金氣)·수기(水氣)가 되는데, 이 木·火·土·金·水 다섯 가지를 오행이라 하는 것이다. 이렇게 해서 오행기(五行氣)가 지기(地氣;陰)와 어울리면서 춘하추동 사계절이 생겨나는 것이다.

그래서 사람도 태어나는 순간 어느 별의 기운(氣運)을 더 많이 받았느냐에 따라서 체질·성격은 물론이고 운명까지 결정되는 것이다.

2) 오행과 계절

목기(木氣)가 강해지면 봄이 되고, 화기(火氣)가 강해지면 여름으로 바뀌고, 금기(金氣)가 강해지면 가을이 되고, 수기(水氣)가 강해지면 겨울이 되는 것이 자연의 순환 법칙이다. 토기(土氣)는 사계절에 다 있어서 대지의 생명력을 키워주고 있다.

3) 오행과 인체 건강

인체의 오장(五臟) 육부(六腑)를 오행으로 구별하면 간, 쓸개, 신경은 목(木)에 해당하고 심장, 소장, 시력, 혈압은 화(火)에 비장, 위장, 피부, 췌장은 토(土)에 폐, 대장, 기관지, 근육은 금(金)에 신장, 방관, 혈액을 수(水)에 해당한다.

4) 오행의 상생원리

인체오행의 木인 간은 火인 신장을 生하고, 火인 심장은 土인 위장과 비장을 金인 폐와 대장을 생하며, 金인 폐와 대장은 水인 신장과 방광을 상생하여 지원하며 그리고 水인 신장은 木인 간장을 생하며 서로 끝없이 지속적으로 상생하고 있다.

고로 간장이 나쁘면 火인 시력이 안 좋다. 이렇게 오행의 상생원리는 한의학에서 5행의 상생법을 근간으로 인체의 질병을 치료하게 되는 것과 같다.

5) 오행의 음(陰)·양(陽)

양이라 하면 플러스(+), 마이너스(−)는 음이다. 단추를 양이라 하면 단추 구멍은 음이다. 남자가 양이면 여자는 음이다. 이처럼 우주 자연계나 사람은 물론 동식물까지도 양과 음으로 구별되어 있어서 이 음과 양이 화합할 때 만물이 생겨나게 되는 것이다.

아인슈타인의 상대성 원리가 바로 음·양의 원리이다. 지금 주변의 물건들을 살펴보라. 예를 들면 텔레비전에 연결된 전기 코드를 우리는 흔히 수놈이라고 하는데 이는 양이며, 이와 짝을 이루는 전기 콘센트는 음, 즉 암놈으로 되어 있다.

주역(周易)은 바로 음·양의 조화를 64괘(卦)로 나눈 것이며, 오행에다 음·양을 넣어서 우주 자연의 원리와 인간의 운명을 밝혀보자는 학문이 음양오행학(陰陽五行學), 즉 역학이라는 학문이다. 우리가 공부하려는 성명학의 기초원리가 사주추명학의 근간이다.

6) 오행 속성과 신체기관

다음 표에서 보듯이 동양사상이나 한의학에서 오행의 상생과 상극의 개념을 확장하여 인간의 오장육부의 관계에 적용하는 지혜를 질병의 치료에 적용하여 왔다. 이와 같은 오행의 속성을 인체의 내장기관과 관련시켜 서로 상생하고 상극하여 나타나는 생리와 병리 현상을 설명하는 예를 들어보자.

오장육부라는 용어에서, 장(臟)에 해당되는 기관은 인간의 생명이 잉태되어서 그 활동이 정지될 때까지 지속적인 활동을 자동적으로 유지하는 장기관을 말한다. 오장을 오행의 속성으로 분별하면 간(肝臟)은 木이요, 비장(脾臟)과 위(胃)는 土요, 허파(肺臟)는 金이며, 신장(腎臟)과 방광(膀胱)은 水이고, 심장(心臟)은 火다.

이런 까닭에 상생관계에서는 목생화(木生火)이므로, 木에 속하는 간의 활발한 활동은 火에 속하는 심장의 활동을 돕지만, 반면에 상극관계에서는 목극토(木剋土)이므로 토에 속하는 비장(脾臟)의 활동, 즉 소화기관의 활동은 도리어 제약한다. 한편, 간장의 제약을 받는 비장(土)은 토생금의 관계에서 金에 속하는 폐를 지원하며, 폐는 금극목(金剋木)이므로 간을 제약하는 것이다.

이와 같이 우리 신체 내의 오장의 생리활동이 서로 도와 협조하는 것이 있는가 하면 상극 저지하는 것으로 결과적으로 모든 기관이 톱니처럼 물리는 식으로 상조(相助)와 억제작용을 하도록 되어 있다.

인간 신체의 모든 부분이 이와 같이 통일적으로 서로 관련되어 있는 것처럼, 인체와 자연환경과의 상응관계도 이와 유사하다. 이를 보다 알기 쉽게 관찰하고 설명하기 위해서 그 속성이나 형태, 현상 등을 유사한 것끼리 묶어 오행의 각각에 속하도록 다섯 가지로 분류해 보았다.

| 오행 속성 기능표 |

구분 \ 오행·음양	木 양	木 음	火 양	火 음	土 양	土 음	金 양	金 음	水 양	水 음
천간	甲	乙	丙	丁	戊	己	庚	辛	壬	癸
지지	寅	卯	午	巳	辰戌	丑未	申	酉	子	亥
한글 소리	ㄱㅋ		ㄴㄷㄹㅌ		ㅇㅎ		ㅅㅈㅊ		ㅁㅂ	
오장	간장		심장		비장		폐장		신장	
육부	담		소장		위장		대장		방광	
상생시	목생화		화생토		토생금		금생수		수생목	
건강 양호	심장 소장 시력 두뇌		비장 위장 피부 복부		대장 폐장 근골 사지		혈액 신장 방광 생식기능		간장 신경 쓸개	
상극시	목극토		토극수		수극화		화극금		금극목	
신체 질환	신경통 간기능 쓸개 편두통		안질 심장 소장 고혈		위장병 피부병 당뇨 비장		대장 폐 호흡기 사지근골		혈액 신장 방광 생식기능	

2 오행의 상생(相生)·상극(相剋) 법칙

1) 기(氣)란 무엇인가

　우주에 가득한 공기 중에는 목기(木氣)·화기(火氣)·토기(土氣)·금기(金氣)·수기(水氣)가 있다. 인간은 물론이고 모든 생명체는 각기 자기만의 고유한 기(氣)가 있어서 숨쉬기를 반복하면서 필요한 기(氣)를 축적하고 해로운 기(氣)를 내뱉음으로써 살아가게 되는 것이다. 이때 필요한 기(氣)가 부족하면 기력(氣力)이 약하다고 한다.

　이와 같이 공기 속에 있는 다섯 가지 기운 중에서 내게 이로운 기는 힘을 키워주고 몸도 부드럽고 편하게 해주며 운세(運勢)를 강하게 해준다. 반대로 내게 해로운 기는 힘을 빠지게 하며 운로(運路)도 막아서 추진하는 일을 방해하게 만든다.

　어떤 곳에 갔을 때 상큼한 기분이 들기도 하고 처음 와본 곳이지만 전에도 와본 곳 같기도 한 정감을 느끼게 되고 마음도 평화로워질 때가 있다.

　반대로 어느 곳에서는 섬뜩해지거나 기분이 나빠지고 갑자기 머리가 아픈 경우도 있다. 이런 현상들은 자기의 기와 그곳의 기가 궁합이 맞느냐 안 맞느냐에 따라서 생기는 결과이다.

사주를 간명(看命)하는 것도 마찬가지 이치이다. 즉 그 사람 사주의 기가 행운(行運)에서 만나는 기와 궁합이 맞으면 마음먹은 대로 일이 성취될 것이고, 궁합이 맞지 않거나 서로 다투는 꼴이 되면 하는 일마다 일이 꼬이거나 실패하게 되는 것이다.

그것을 미리 알아서 대처해 주는 게, 아니면 스스로 대처해 나가는 게 역학을 배우는 참된 목적이다.

2) 오행 간 상생(相生)의 원리

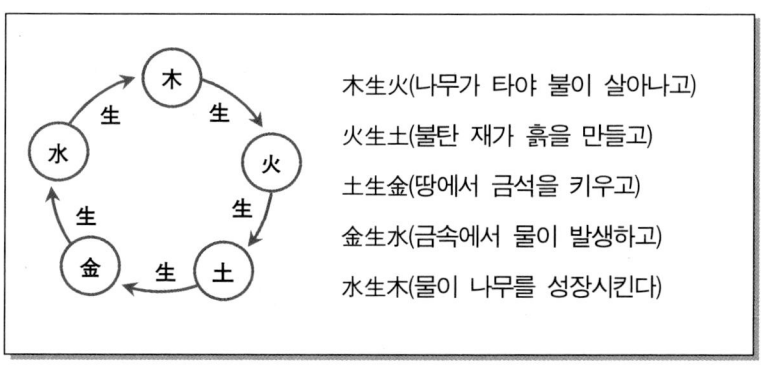

木生火(나무가 타야 불이 살아나고)
火生土(불탄 재가 흙을 만들고)
土生金(땅에서 금석을 키우고)
金生水(금속에서 물이 발생하고)
水生木(물이 나무를 성장시킨다)

한 오행이 화합하는 오행을 돕고 베풀면 결국 자기도 도움을 받고 사랑을 받는 관계이다.

화합은 끝도 없이 돌고 도는 둥근 원이다.

화합은 산에서 흘러내리는 물이다. 아래로 흘러만 가는 물이다.

화합은 어버이의 마음이다. 자식들에게 주어도 주어도 더 주고만 싶은 내리사랑이다.

봄은 여름을 위해 희생하고, 여름은 가을을 위해 물러나며, 가을은 겨울을 위해 물러나고, 겨울은 다시 봄을 위해 희생하는 것이 사계절의 순환 법칙이다.

3) 오행 간 상극(相剋)의 원리

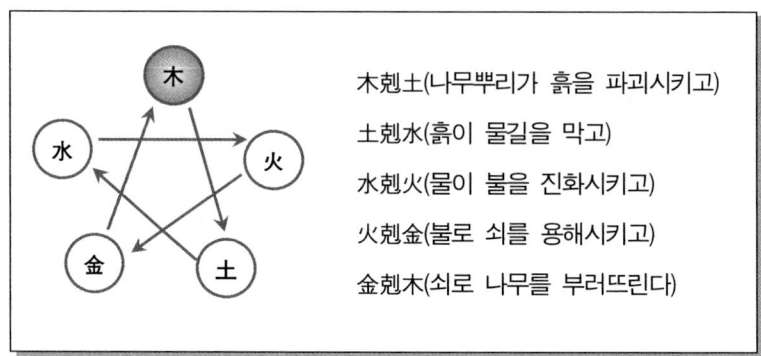

증오하는 오행끼리 만나면 서로 미워하고 헐뜯고 박해하며 정복하거나 다스리려고 하게 되는 관계이다.

미움은 표창이다. 내가 미운 이를 찌른 표창이 손잡이 없는 부메랑이 되어 내게 날아온다. 결국은 나도 다친다.

미움은 별처럼 생겼다. 그러나 하늘의 별은 아름답지만 미움이란 별은 어디를 만져도 상처만 생긴다.

4) 한글소리 오행

한글소리 오행이란 한글의 발음기관에 따라 구분한 것으로 다음 표를 참고하면 된다(水를 후(喉)음 ㅇ ㅎ으로, 土를 순(脣)음 ㅁ ㅂ ㅍ으로 구분하는 극소수 학설도 있다).

음령오행 상생상극 조견표				
木	火	土	金	水
아(牙)	설(舌)	후(喉)	치(齒)	순(脣)
ㄱ ㅋ	ㄴ ㄹ ㄷ ㅌ	ㅇ ㅎ	ㅅ ㅈ ㅊ	ㅁ ㅂ ㅍ

음령오행은 한자와 관계없이 우리말 발음으로 구분하는데 주음(主音)과 종음(從音)이 있다. 본체는 주음이고 받침은 종음이 되는데, 예를 들어 '김'의 ㄱ은 주음이며 어금닛소리니 木이 되고, 받침 ㅁ은 종음이며 입술소리이니 水가 된다.

성명학에서는 주음의 관계를 먼저 보고 여의치 않을 때는 종음까지 함께 보는데 모음은 보지 않는다. 즉 주음과 주음의 관계가 서로 친분이 있는 관계인지 아니면 원수 같은 관계인지를 우선 보고, 만약 주음과 주음의 관계가 원수 같은 관계라면 종음이 사이에 끼어 그 관계를 원활히 해주면 무난한 사이가 되는 것이다. 또한 성씨 종음과 이름 첫자와 이름 끝자 주음과 상생하면 된다.

구체적인 예를 살펴보도록 하겠다.

'강수현' 이름은 성의 종음 ㅇ이 土요 '수'는 金이요 'ㅎ'은 土로

土 金 土로 土生金 상생이다.

'이동우'라는 이름은 주음만 보면 土 火 土로 이루어져 土 火 土를 연결시켜 주었다. '동'의 주종음 ㄷ은 ㅇ이므로 사이좋은 火와 土를 이간질한 모양이 되었다. 잘 이해가 되지 않으면 다음 〈오행의 상극과 상생〉을 먼저 살펴본 후 되돌아와서 보기 바란다.

어떤 경우라도 주음끼리의 관계가 우선이 되고, 종음은 차선이 된다는 것만 이해하고 넘어가기로 하겠다.

5) 이름을 보면 건강이 보인다

이름이란 그 사람의 정체성을 지닌 총체적인 그릇이며, 절대적으로 그 사람의 운명을 결정하는 건 아니지만 그 사람의 운명에 상당한 영향을 준다.

모든 사물 현상은 서로 대립되는 속성을 가진 음과 양으로 이루어져 있고, 우주의 기초를 이루는 다섯 가지 물질인 목(木), 화(火), 토(土), 금(金), 수(水)가 서로 어우러져 만물이 이루어져 상호 조화를 이룬다고 동양의 음양오행에서는 말하고 있다.

이러한 원리로 성명학에서도 동양사상의 핵심이론인 음양오행(陰陽五行)을 따르며, 음령(音靈)오행(소리와 인간의 영)이 상성하여야 오장육부가 튼튼하여 건강하고 무병장수할 수 있다고 주장하고 있다.

(1) 오장육부란

인체의 간(肝), 담(膽), 근육은 오행에서 목(木)에 해당되며, 인체의 심장, 소장, 혀 등은 오행에서 화(火)에 속하며, 비(脾), 위(胃), 입 등은 오행에서 토(土)에 속하고, 폐, 대장, 코 등은 오행에서 금(金)에 해당되고, 신장, 방광, 귀, 뼈 등은 오행에서 수(水)에 속한다고 한다.

음령오행과 관련하여서 보면, 한글소리 오행의 木은 ㄱㅋ, 火는 ㄴㄹㄷㅌ, 土는 ㅇㅎ, 金은 ㅅㅈㅊ, 水는 ㅁㅂㅍ으로 이름에서도 한글소리 오행이 상생하면 오장육부가 건강하고 튼튼하며, 상극이 되면 상극되는 부분의 장 기능이 약하다고 이야기할 수 있다.

독자들이 이해하기 쉽게 2012년 런던 올림픽 금메달리스트의 이름으로 그 예를 살펴보면,

· 진종오(사격 남자 10m 공기권총)金金土
· 양궁 여자 단체전(기보배 — 木水水, 최현주 — 金土金, 이상진 — 土金金)
· 김재범(유도 남자 81kg급)木水 金 水水
· 김장미(사격 여자 25m 권총)木水 金土 水
· 송대남(유도 남자 90kg급)金土火 火水
· 김지연(펜싱 여자 사브르 개인전)木水 金 土火
· 기보배(양궁 여자 개인전)木水水

- 오진혁(양궁 남자 개인전)土金土
- 펜싱 남자 사브르 단체(구본길 — 木水木, 김정환 — 木水金土土火, 원우영 — 土土土, 오은석 — 土土金)

　14명의 금메달리스트 중에 13명의 음령오행이 성명의 초성과 종성의 상생 또는 초성간의 연결 상생으로 이루어진 것을 알 수 있다. 이것이 성명학상의 음령오행과 건강과의 관계를 반증하고 있는 것이 아닌가 한다.

3 사주추명학(四柱推命學)

1) 사주추명학이란

사주(四柱)란 4기둥을 말하며, 사람이 태어난 생년(生年)·월(月)·일(日)·시(時)를 말하며, 각주(各柱)마다 담기는 두 글자씩의 간지(干支)의 기(氣)가 우주 자연의 기류(氣流)와 어떤 관계에 놓이는가에 따른 운명의 길흉(吉凶)을 알아보는 학문을 사주추명학이라 한다.

이 사주추명학은 사주의 기(氣)를 자연의 기(氣)에 조화(調和)시킴으로써 평화와 행복을 추구하는 학문이라 해서 자연과학(自然科學)이라고도 부른다.

또한 예부터 사주를 통해서 명(命)의 이치(理致)를 안다고 해서 명리학(命理學) 또는 명(命)을 추리(推理)한다고 해서 추명학(推命學)이라 한다.

2) 천간(天干)

(1) 천간(天干)이란

천(天)은 하늘의 변화하는 이치와 기(氣)를 나타내며, 간(干)은 나무줄기 간(幹)에서 따온 천간의 기를 표현하기 위한 글자로 甲·乙·丙·丁·戊·己·庚·辛·壬·癸의 10字가 있는데, 이를 10간(干)이라 칭한다.

| 음양오행 속의 10간(干) |

木		火		土		金		水	
양	음	양	음	양	음	양	음	양	음
甲	乙	丙	丁	戊	己	庚	辛	壬	癸

10간(干)을 칭할 때는 甲木·乙木·丙火·丁火·戊土·己土·庚金·辛金·壬水·癸水라 한다.

(2) 천간합(天干合)

천간끼리 모여서 하나의 오행을 만드는 것을 천간합이라 한다. 즉 처음부터 시작하여 여섯 번째 干을 짝으로 선택하여 놓았는데 이것이 천간합이다.

- 甲+己=土
- 乙+庚=金
- 丙+辛=水
- 丁+壬=木
- 戊+癸=火

3) 지지(地支)

(1) 지지(地支)란

지(地)는 땅을 말하며, 지(支)는 나뭇가지 지(枝)에서 따온 것이다. 지지의 기(氣)를 표현하기 위한 글자로 子·丑·寅·卯·辰·巳·午·未·申·酉·戌·亥의 12字가 있으며, 12지(支)라 칭한다.

음양오행 속의 12지(支)											
木		火		土				金		水	
양	음	양	음	양	음	양	음	양	음	양	음
寅	卯	午	巳	辰	戌	丑	未	申	酉	子	亥

12지(支)를 칭할 때에는 앞의 10간처럼 寅木·卯木·午火·巳火·辰土·戌土·丑土·未土·申金·酉金·子水·亥水라 한다.

(2) 지지합(地支合)

육합 또는 지지합이라고 하며 地支끼리 모여 오행을 만드는 것을 지지합이라 한다.

- 子＋丑=土
- 寅＋亥=木
- 卯＋戌=火
- 辰＋酉=金
- 巳＋申=水
- 午＋未=火

(3) 삼합(三合)

합(合)의 종류가 여러 가지 있으나 그중 가장 큰 합을 나타낼 수 있는 것이 삼합(三合)이다.

- 亥+卯+未의 合은 木
- 巳+酉+丑의 合은 金
- 寅+午+戌의 合은 火
- 申+子+辰의 合은 水

4) 육십갑자(六十甲子)

| 육십갑자와 납음 오행 |

	1순			2순			3순			4순			5순			6순	
1	甲子 갑자	海中金	11	甲戌 갑술	산두火 *水를 만나면 길	21	甲申 갑신	천중水	31	甲午 갑오	사중金 *火를 만나면 길	41	甲辰 갑진	복등火	51	甲寅 갑인	대계水
2	乙丑 을축		12	乙亥 을해		22	乙酉 을유		32	乙未 을미		42	乙巳 을사		52	乙卯 을묘	
3	丙寅 병인	노중火	13	丙子 병자	간하水	23	丙戌 병술	옥상土	33	丙申 병신	산하火 *水를 만나면 길	43	丙午 병오	천하水 *土를 만나면 길	53	丙辰 병진	사중土 *木을 만나면 길
4	丁卯 정묘		14	丁丑 정축		24	丁亥 정해		34	丁酉 정유		44	丁未 정미		54	丁巳 정사	
5	戊辰 무진	대림木	15	戊寅 무인	성두土	25	戊子 무자	벽력火 *水를 만나면 길	35	戊戌 무술	평지木 *金을 만나면 길	45	戊申 무신	대역土	55	戊午 무오	천상火 *水를 만나면 길
6	己巳 기사		16	己卯 기묘		26	己丑 기축		36	己亥 기해		46	己酉 기유		56	己未 기미	
7	庚午 경오	노방土	17	庚辰 경진	백랍金	27	庚寅 경인	송백木	37	庚子 경자	벽상土	47	庚戌 경술	차천金	57	庚申 경신	석류木
8	辛未 신미		18	辛巳 신사		28	辛卯 신묘		38	辛丑 신축		48	辛亥 신해		58	辛酉 신유	
9	壬申 임신	검봉金 *火를 만나면 길	19	壬午 임오	양류木	29	壬辰 임진	장류水	39	壬寅 임인	금박金	49	壬子 임자	상자木	59	壬戌 임술	대해水 *土를 만나면 길
10	癸酉 계유		20	癸未 계미		30	癸巳 계사		40	癸卯 계묘		50	癸丑 계축		60	癸亥 계해	

※ 육십 납음은 남녀 궁합 시 사용한다.

5) 사주(四柱)

(1) 사주(四柱) 구성

년주(年柱)	년간(年干)	년지(年支)
월주(月柱)	월간(月干)	월지(月支)
일주(日柱)	일간(日干)	일지(日支)
시주(時柱)	시간(時干)	시지(時支)

(2) 사주의 의미와 세우는 법

① **년주(年柱) 세우기**
- 의미 : 본인이 태어난 해, 즉 생년 나이를 말하며 태세(太歲)라고도 한다. 조상·상급자·국가·각료를 나타낸다.
- 자기가 태어난 연도(해)의, 즉 생년기둥 간지를 만세력(萬歲曆)에서 찾아 세우면 된다.
- 사주추명학에서는 입춘일 시각(時刻)이 지나야 새해 1월 1일로 보고 새해 간지(干支)를 쓴다. 그러므로 양력 또는 음력으로는 신년(新年)에 태어났지만 입춘일 전에 태어난 사람은 지난해 간지를 써야 한다.

② **월주(月柱) 세우기**
- 의미 : 본인이 태어난 달, 즉 생월 달을 말하며 월건(月建)이라고도 한다. 부모·형제·친구·동료·직장·사회를 나타낸다.

- 태어난 생월기둥, 즉 절(節)에 따라서 월의 간지(干支)가 결정된다.
- 태어난 달의 절(節)이 지나서 다음 달 절기 전까지는 태어난 달의 간지를 사용하고, 절기가 지나지 않았으면 전월(前月)의 간지를 사용한다.

③ 일주(日柱) 세우기

- 의미 : 본인이 태어난 날을 말하며 일진(日辰)이라고도 한다. 일간(日干)은 본인, 일지(日支)는 배우자를 나타내는데 일간을 명주(命主)·일주(日主)·일원(日元)이라 부르기도 한다.
- 일주란 생일(生日)기둥을 말하는 것으로 절기와는 관계가 없다. 만세력에 있는 그대로 쓰면 된다.
- 야자시(夜子時, 밤 11:00~12:00)에 태어난 사람은 그날 일진(日辰 : 그날 간지)을 쓰고 조자시(朝子時, 밤 12:00~1:00)에 태어난 사람은 그 다음날 일진(日辰 : 그 다음날 간지)을 쓴다.

④ 시주(時柱) 세우기

- 의미 : 본인이 태어난 시(時)를 말하며 제좌(帝座)라고도 한다.
- 시주(時柱)도 절기와는 관계가 없다. 태어난 시간(時間)을 그대로 쓰면 된다. 이때 태어난 시간이 시지(時支)가 된다.
- '시간(時干) 찾는 조견표'를 이용하는 게 편리하다.

| | 시간(時干) 찾는 조견표 |

일간 시간 시지		갑 (甲)	을 (乙)	병 (丙)	정 (丁)	무 (戊)	기 (己)	경 (庚)	신 (辛)	임 (壬)	계 (癸)
자(子)	23:00~01:00	갑	병	무	경	임	갑	병	무	경	임
축(丑)	01:00~03:00	을	정	기	신	계	을	정	기	신	계
인(寅)	03:00~05:00	병	무	경	임	갑	병	무	경	임	갑
묘(卯)	05:00~07:00	정	기	신	계	을	정	기	신	계	을
진(辰)	07:00~09:00	무	경	임	갑	병	무	경	임	갑	병
사(巳)	09:00~11:00	기	신	계	을	정	기	신	계	을	정
오(午)	11:00~13:00	경	임	갑	병	무	경	임	갑	병	무
미(未)	13:00~15:00	신	계	을	정	기	신	계	을	정	기
신(申)	15:00~17:00	임	갑	병	무	경	임	갑	병	무	경
유(酉)	17:00~19:00	계	을	정	기	신	계	을	정	기	신
술(戌)	19:00~21:00	갑	병	무	경	임	갑	병	무	경	임
해(亥)	21:00~23:00	을	정	기	신	계	을	정	기	신	계

[보는 법] 예를 들어서 갑자(甲子)일 생이 진시(辰時)에 태어났을 때 시간(時干)을 찾아보자.

- 갑자(甲子)일 생이면 일간(日干)이 갑(甲)이다. '조견표' 맨 윗줄에서 갑(甲)을 찾으면 맨 앞에 있다. 그 줄을 따라서 밑으로 진(辰)이라 쓰여 있는 칸까지 내려오면 '무(戊)'라 쓰여 있다.
- 그 '무'가 시간(時干)이며 '진'은 시지(時支)가 된다. 그래서 시주(時柱)를 쓰면 무진(戊辰)이다.
- 甲己夜밤 生 甲子, 甲과 己일은 甲子시부터 乙丑시 등으로 진행하여 생시까지 진행한다.
- 乙庚야밤 生 戊子 등으로 암기해 두는 경우도 있다.

상기 방법이 지금까지 해오는 사주 세우는 방식이다. 그런데 현재의 만세력을 보면 절기(節氣)가 바뀐 것까지 산출되어 사주가 모두 적혀 있을 뿐만 아니라 대운까지 자세히 있기에 보기에 아주 간단하다. 또한 인터넷에도 사주 찾는 조건표가 있기에 참조하면 된다.

시지(時支)는 2시간 단위로, 즉 자시(子時)라 하면 통상 밤 11시부터 새벽 1시라고 하는데, 현재 한국에서는 동경 135도의 경선을 표준 자오선으로 하고 있으므로 서울의 경도 127도와 8도 차이가 난다. 따라서 우리는 실제 평균 태양시보다 약30분 정도 빠른 생활을 하고 있다 하여 밤 11시 30분부터 새벽 1시 30분을 자시로 하는 설도 있다.

4 삼재(三災)

삼재(三災)란 水火風으로 일어나는 재난이며 우리 생활에 흔히 듣는 용어이다. 일상생활에 어떤 일이 제대로 안 되거나 실패를 할 때 "삼재가 들어서 그렇게 됐다"거나 "삼재가 들었으니 조심하라"는 말을 듣는다.

옛날부터 세상을 살아가면서 원하지 않으면서도 어쩔 수 없이 겪게 되는 온갖 나쁜 일들이 있어서 삼재(三災)라고 하였다. 삼재는 천재(天災), 지재(地水), 인재(人風)의 세 가지 재앙, 즉 손재, 도난, 이성문제, 건강 등 누구나 12년에 한 번씩은 삼재가 들어 머물게 마련이다.

과학이 발달하지 않았던 옛날에는 그것을 미리 예측하고 막아낼 수 있는 지혜와 상식이 없어서 두려워했다. 현대인들도 삼재를 병들거나 사업하다 실패하거나 뜻하지 않은 교통사고나 지진, 폭풍우, 태풍 같은 천재지변으로 목숨을 빼앗길 수 있을 것이라고 생각했다.

삼재는 3년 동안 들어왔다 묵었다가 나가는데 인간에게 재앙을 줄 수 있다는 것이다. 삼재는 첫해에 삼재가 들어오는 해를 '入三

災 또는 들삼재'라고 하는데 어떤 모습으로 오든지 괴로움을 주며 들어오는 경우가 많다. 집안에 병고가 생기거나 가족 중에 교통사고나 다치는 일이 있고, 크고 작은 일들이 예기치 못한 곳에서 일어난다.

둘째 해는 '묵는 삼재 또는 눕는 삼재'라고 하는데 사사건건 시시비비가 생기고 관재구설 등 작은 일이 크게 벌어지고 다툼과 송사가 일어나는 경우가 많다.

마지막 해는 '날 삼재'라 한다. 쟁송, 손재, 처자 이별 등 고통을 겪는다.

이 삼재를 예방하기 위하여 삼재풀이를 하거나 부적을 간직하는 경우가 많은데, 선천대운이 불길할 때 삼재를 만나면 더욱더 불길하고 재앙이 겹쳐 재물이 나가고 심할 경우는 이별, 중도퇴직, 실직, 사업부진, 소송, 질병 등 좋지 않은 경우가 많다.

생년지(生年支 : 태어난 띠)를 기준하여 매년 들어오는 띠와 견주어서 정한다. 申(원숭이), 子(쥐), 辰(용띠)은 인년(범해)에 들어오고 묘년(토끼해)에 머물다가 진년(용해)에 나간다. 범, 말, 개띠는 신년(원숭이)에 들어오고 유년(닭해)에 머물다가 술년(개해)에 나간다. 소, 닭, 뱀띠는 해년(돼지해)에 들어오고 자년(쥐해)에 머물다가 축년(소해)에 나간다. 돼지, 토끼, 양띠는 사년(뱀해)에 들어오고 오년(말해)에 머물다가 미년(양해)에 나간다.

2011년 신묘년 토끼띠는 돼지띠나 양띠와 함께 뱀해에 들어와 말해에 묵어서 양해에 나가는 삼재에 걸려 있는데, 삼재는 들어올 때 묵을 때 나가는 三災 중 어느 한 해가 더 심하고 그 어느 한

해는 무사히 지나간다고 한다.

  그러나 현대과학과 의학이 발달하고 학력수준이 높은 이 시대에 미리 병원 가서 예방하고 법질서 잘 지켜 송사나 질병에 대해 사전에 주의를 요하기에 삼재라 해서 그렇게 어렵게 생각할 사항은 안 된다고 생각한다. 삼재소멸부를 이용하는 것은 정신적 건강이라 생각하며 한편 플라세보의 효과 측면에서 생각할 필요악이 아닌가 생각한다. 유비무환의 사고로 삼재라는 걸 미리 알고 주의하며 적절히 예방하는 것이 좋으리라 생각한다.

| 三災 빨리 보는 법 |

생년지(生年支)			삼재 3년		
띠			시작되는 해	묵는 해	끝나는 해
인(寅)	오(午)	술(戌)년생	신(원숭이)	유(닭)	술(개)
범	말	개띠			
사(巳)	유(酉)	축(丑)년생	해(돼지)	자(쥐)	축(소)
뱀	닭	소띠			
신(申)	자(子)	진(辰)년생	인(범)	묘(토끼)	진(용)
원숭이	쥐	용띠			
해(亥)	묘(卯)	미(未)년생	사(뱀)	오(말)	미(양)
돼지	토끼	양띠			

5 제왕절개 택일법

제왕절개(cesarean section) 출산택일 자연의 이치는 춘하추동 4계절에 따라 목기가 강해서 봄이 되면 새싹이 자라고, 화기가 강해서 여름이 되면 무성해지며, 가을이 되면 열매를 맺고, 겨울이 되면 만물의 성장을 멈추게 된다. 이러한 계절의 변화가 주는 영향은 사람에게도 마찬가지이다. 그러기에 인간의 생로병사와 길흉화복이 영향을 받는 것은 당연하다고 할 수 있다. 출생하면 부모의 양육을 받으면서 성장하고, 세월이 가면 장성하여 결혼을 하며, 번식을 하고, 늙으면 죽는 것이 모두 다 시간의 변화에 의한 것이다.

우주만물의 원리 중 가장 중요한 점은 태어남인데 그 태어난 시기를 잘 선택하는 게, 즉 인간으로서는 선천운이다. 부득이 제왕절개로 아기 분만할 경우 산모가 좋고 아기가 좋은 사주를 택일해야 한다. 출산택일은 출생예정일 1주일 전후하여 날짜와 시간을 선택하는데 산모에게는 건강히 낳을 수 있도록 합이 들고 충, 파, 해가 없는 날을 택해야 한다. 또한 태어나는 아기의 사주를 잘 맞도록 선택해야 한다.

인간은 지구상에 태어난 시간을 중요시하기 때문에 미국에서 태어나면 미국의 시간을 적용하고 한국에서 태어나면 한국시간을 적용해야 한다. 왜냐하면 산모의 탯줄이 절단되어 지구상의 공기를 호흡하는 순간, 음양오행의 기가 인체의 모든 장을 지배하고 탄생한 시기가 생년월일시에 의해 선천사주가 구성되고, 그 선천운으로 인하여 인생의 운로가 시작되기 때문이다. 혹자는 인위적으로 아기를 출산하였기에 선천운이 제대로 작용하지 않는다고 생각할지 모르지만 제왕절개 출산 자체도 운명이다.

제 3 장

성명학의 발음과 수리

우주만물이 음양오행의 원리에 따라
생성 변화하듯 성명에도
음양의 조화는 중요한 것이다.
그러므로 음과 양이 적절히 조화를 이루도록
배열하는 것이 중요하다.

 발음

소리, 즉 발음은 보이지 않으나 생명체의 기가 담겨 있어 음령이라 한다. 발음에 따라 오행[五音 : 아(牙), 설(舌), 후(喉), 치(齒), 순(脣)]을 구분하여 생성해야 한다.

1) 한글 발음의 오행

木	火	土	金	水
ㄱ, ㅋ	ㄴ, ㄷ, ㄹ, ㅌ	ㅇ, ㅎ	ㅅ, ㅈ, ㅊ	ㅁ, ㅂ, ㅍ

2) 한글 발음과 획수

1획	ㄱ, ㄴ, ㅇ, ㅡ, ㅣ
2획	ㄷ, ㅅ, ㅈ, ㅋ, ㅏ, ㅗ, ㄲ
3획	ㄹ, ㅁ, ㅊ, ㅌ, ㅎ, ㅑ, ㅟ, ㅒ, ㅚ
4획	ㅂ, ㅍ, ㄸ, ㅆ, ㅉ, ㅘ, ㅝ, ㅖ, ㅔ
5획	ㅙ, ㅞ

3) 영어 발음의 오행

木	火	土	金	水
C, G, K, Q	D, L, N, R, T	A, E, H, F, I, O, U, W, Y	C, G, J, S, X, Z	B, F, M, P, V

4) 영어 발음과 획수

1획	2획	3획
C, I, J, L, O, S, U, V, Z	B, D, P, Q, T, W, X, Y	A, E, G, H, K, M, N

2 수리 4격 길격론

원형리정(元亨利貞)은 천도지상이라 우주의 근본 원리를 말하며 인간의 도리는 자연의 섭리에 따라 순리대로 살아야 한다.

수리 구성에는 여러 학설이 있으나 필자는 통설 다수설에 의해 소개하고자 한다.

1) 원격(元格)

원격은 성씨를 제외한 이름 전체를 합한 것을 말한다. 초년의 운을 말하며 1~25세까지 부모로부터 독립할 때까지 운을 말한다.

2) 형격(亨格)

형격은 성(姓)과 이름 첫 자를 합한 것으로 장년기의 가장 중추적인 운을 지배하므로 주운(主運)이라고 하며 보통 25~45세까지 운을 말한다.

3) 이격(利格)

이격은 성(姓)과 이름 끝 자를 합한 것을 말하며 45~65세 사이의 중·장년기의 환경을 지배하는 운으로 사회생활, 부부관계, 대인관계, 명예 등에 영향을 미친다.

4) 정격(貞格)

정격은 성(姓)과 명(名)을 모두 합한 것을 말하며 중·후년까지는 물론 일생을 총체적으로 지배하는 운으로 가정, 자녀, 재물, 건강, 관운, 명예 등의 모든 것이 관여된다.

3 천인지 삼재(삼원)론

성명철학 상 3才란 天, 人, 地를 말하며 삼원, 수리오행과 같은 맥락으로 말할 수도 있다. 이름을 지을 때는 필수적으로 갖추어야 할 조건과 선택적인 조건이 있는데 통설다수학설에 의하면 천인지 삼재, 삼원오행론은 소수학설이므로 부가적인 조건이라고 보면 되겠다.

획수별 오행을 분류해 보면 木은 1·2, 火는 3·4, 土는 5·6, 金은 7·8이며, 水는 9·10으로 분류하며, 10 이상의 수는 10단위 숫자를 제외한 단단위 숫자로 한다.

1) 천격

명리에서 초년운과 같은 역할을 하며 부모, 상사, 남편 등으로 보고 구분은 1자로 된 성(姓)의 경우와 2자로 된 성씨의 경우가 상이(相異)하다.

한국의 성씨 중 2자 성은 아래와 같이 황보, 남궁, 사공, 독고, 서문 등이며 나머지는 모두 1자의 성으로 되어 있다.

1자 성의 경우 성자의 획수에 1을 가성하여 더한 수를 천격이라 하고 강전, 남궁, 독고, 동방, 망정, 사공, 서문, 선우, 소봉, 어금, 장곡, 제갈, 황보 등 2자 성으로 된 경우는 두 글자 획수만 가지고 천격으로 한다.

2) 인격

본인으로 보며 성명학에서 가장 중요한 역할을 하며 천격과 상생이 되어야 좋으며 1자 성의 경우 성자와 이름 상자(上字)를 합한 수가 인격이 된다.

2자 성에 2자 이름의 경우는 2자 성 하자(下字)의 획수와 이름 상자(上字)의 합한 획수를 더한 게 인격이다.

시기적으로 20세에서 40세까지 운명적 유도력이 작용한다.

3) 지격

아내, 자식, 부하 등으로 보며 1자 성에 2자 이름은 이름자 상하 획수를 더한 것이 지격이다.

1자 성에 3자 이름인 경우 이름 세 자를 모두 합친 숫자를 지격으로 한다.

2자 성에 2자 이름은 이름자 2개의 획수를 합친 것이 지격이다.

2자 성에 1자 이름인 경우 이름 1자의 획수에 가성수 1을 합해서 지격으로 한다.

4) 외격

이름 아래 글자가 지닌 획수에 가성수 1을 합한 것이 외격이다.

1자 성에 1자 이름은 성과 이름자에 가성 1을 합한 수로 무조건 2란 수가 외격이다.

2자 성에 2자 이름인 경우 성자 윗글자〈上字〉와 이름 하자(下字) 획수를 합친 숫자로 외격이다.

2자 성에 1자 이름인 경우 성자 윗글자의 획수에 가성 1을 더한 숫자가 외격이 된다.

5) 총격

성과 이름자가 지닌 획수를 모두 더해서 나온 수와 오행을 말한다.

※ 위의 서술이 좀 어려운 것 같으나 수리 구성의 예를 보면 이해가 될 것이다.

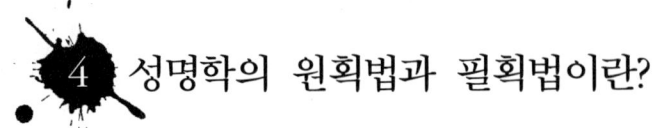
4 성명학의 원획법과 필획법이란?

성명학상에서 획수를 산정하는 방법으로는 원획법(原劃法)과 필획법(筆劃法), 그리고 곡획법(曲劃法) 등이 있다.

원획법은 강의자전에서 준거한 자원, 즉 원음 원래의 뜻대로 계산하는 방법이며, 필획법은 흔히 옥편이나 컴퓨터에 수록된 한자의 획수를 그대로 계산한 수를 말한다. 그래서 일반 독자들의 경우에 원획법을 사용하여 작명한 경우 옥편이나 인터넷 검색 후 어리둥절하는 경우가 종종 있다. 본 성명학에서는 주로 원획법을 사용하기에 한자의 획수는 옥편이나 컴퓨터에 수록된 획수와 다를 수도 있다.

예를 들어, 洙의 경우 氵(삼수변)이 3획이지만 원래는 水(물수) 4획이기 때문에 성명학에서는 4획으로 계산한다. 따라서 洙는 옥편의 획수와 차이가 있게 되는데 이것을 변형부라고 한다.

이름 중에 숫자가 들어가는 경우는 그 수가 바로 획수가 된다.
① 一 : 1획   ② 二 : 2획   ③ 三 : 3획   ④ 四 : 4획

⑤ 五 : 5획   ⑥ 六 : 6획   ⑦ 七 : 7획   ⑧ 八 : 8획
⑨ 九 : 9획   ⑩ 十 : 10획

1) 원획법 예시

① 李東洙의 경우
- 李는 7획, 東은 8획, 洙는 10획으로 본다.
- 氵는 水로 4획에 朱 6획을 더하니 그렇다.

② 金順英의 경우
- 英자의 ⺾, ⺾는 艸로 6획이므로 11획으로 계산한다.

2) 필획법 예시

① 李東洙의 경우
- 쓰인 획수대로 洙는 9획으로 계산한다.

② 金順英의 경우
- 쓰인 획수대로 英은 9획으로 계산한다.

※ 원획법 적용 시 14부수(한자 부수 214자) 참고

| 변형부수 예시 |

변형부수		원부수	
부수	필획	원부수	원획
忄(심방변)	3획	心(마음 심)	4획
氵(삼수변)	3획	水(물 수)	4획
扌(재방변)	3획	手(손 수)	4획
犭(개사슴변)	3획	犬(개 견)	4획
阝(우부방)	3획	邑(고을 읍)	7획
阝(좌부변)	3획	阜(언덕 부)	8획
艹(초두머리)	4획	艸(풀 초)	6획
月(육달월)	4획	肉(고기 육)	6획
王(구슬옥)	4획	玉(구슬 옥)	5획
辶(책받침)	4획	辵(책받침)	7획
礻(보일시변)	4획	示(보일 시)	5획
耂(늙을로엄)	4획	老(늙을 로)	6획
衤(옷의변)	5획	衣(옷 의)	6획
罒(그물망)	5획	网(그물 망)	6획

※ 고기육(月: 肉) 부수는 달월(月) 부수와는 다른 별개의 부수임

| 성명학상 바른 획수로 계산되는 부수 |

변형부수	원부수	예시
氵(삼수변, 4획)	水	洙(물가 수, 10획) 治(다스릴 치, 9획) 洪(넓을 홍, 10획)
扌(재방변, 4획)	手	振(떨칠 진, 11획)
王(구슬옥, 4획)	玉	珉(옥돌 민, 10획) 珍(보배 진, 10획) 玹(옥돌 현, 10획)
忄(심방변, 4획)	心	情(뜻 정, 12획) 性(성품 성, 9획)
礻(보일시변, 5획)	示	祥(상서로울 상, 11획) 福(복 복, 14획)
衤(옷의변, 6획)	衣	裕(넉넉할 유, 13획)
++(초두머리, 6획)	艸	英(꽃부리 영, 11획) 菊(국화 국, 14획)
月(육달월, 6획)	肉	胎(잉태할 태, 11획)
罒(그물망, 6획)	网	羅(성 라, 20획)
辶(책받침, 7획)	辵	進(나아갈 진, 15획) 遠(멀 원, 17획) 連(이을/잇닿을 련, 14획)
阝(우부방, 7획)	邑	鄭(나라 정, 19획)
阝(좌부변, 8획)	阜	陳(진나라 진, 16획)

| 한자 부수 214자 |

一	丨	丶	丿	乙	亅	二	亠	人(亻)	儿
한일	뚫을곤	점	삐침	새을	갈고리궐	두이	돼지해	사람인	어진사람인
入	八	冂	冖	冫	几	凵	刀(刂)	力	勹
들입	여덟팔	멀경	민갓머리	이수	안석궤	위터진입구	칼도	힘력	쌀포
匕	匚	匸	十	卜	卩(㔾)	厂	厶	又	口
비수비	터진입구	터진에운담	열십	점복	병부절	기슭엄	사사사	또우	입구
囗	土	士	夂	夊	夕	大	女	子	宀
큰입구	흙토	선비사	뒤져올치	천천히걸을쇠	저녁석	큰대	계집녀	아들자	갓머리
寸	小	尢	尸	屮	山	巛	工	己	巾
마디촌	작을소	절름발이왕	주검시	풀철	메산	개미허리	장인공	몸기	수건건
干	幺	广	廴	廾	弋	弓	彐(彑)	彡	彳
방패간	작을요	엄호	민책받침	밑스물입	주살익	활궁	터진가로왈	터럭삼	두인변
心(忄)	戈	戶	手(扌)	支	攴(攵)	文	斗	斤	方
마음심	창과	지게호	손수	지탱할지	둥글월문	글월문	말두	날근	모방
无(旡)	日	曰	月	木	欠	止	歹(歺)	殳	毋
이미기	날일	가로왈	달월	나무목	하품흠	그칠지	죽을사	갖은등글월문	말무

比	毛	氏	气	水(氵)	火(灬)	爪(爫)	父	爻	爿
건줄비	터럭모	각씨씨	기운기	물수	불화	손톱조	아비부	점괘효	장수장
片	牙	牛(牜)	犬(犭)	玄	玉(王)	瓜	瓦	甘	生
조각편	어금니아	소우	개견	검을현	구슬옥	오이과	기와와	달감	날생
用	田	疋	疒	癶	白	皮	皿	目	矛
쓸용	밭전	필필	병질안	필발	흰백	가죽피	그릇명	눈목	창모
矢	石	示(礻)	内	禾	穴	立	竹(⺮)	米	糸
화살시	돌석	보일시	발자국유	벼화	구멍혈	설립	대죽	쌀미	실사
缶	网(罒)	羊(羋)	羽	老(耂)	而	耒	耳	聿	肉(月)
장군부	그물망	양양	깃우	늙을로	말이을이	쟁기뢰	귀이	오직율	고기육
臣	自	至	臼	舌	舛	舟	艮	色	艸(艹)
신하신	스스로자	이를지	절구구	혀설	어길천	배주	머무를간	빛색	풀초
虍	虫	血	行	衣(衤)	襾(西)	見	角	言	谷
범호	벌레충	피혈	다닐행	옷의	덮을아	볼견	뿔각	말씀언	골곡
豆	豕	豸	貝	赤	走	足	身	車	辛
콩두	돼지시	갖은돼지시	조개패	붉을적	달아날주	발족	몸신	수레차	매울신

辰	走(辶)	邑(阝)	酉	釆(采)	里	金	長	門	阜(阝)
별진	책받침	고을읍	닭유	분별할변	마을리	쇠금	길장	문문	언덕부
隶	隹	雨	青	非	面	革	韋	韭	音
미칠이	새추	비우	푸를청	아닐비	낯면	가죽혁	가죽위	부추구	소리음
頁	風	飛	食(飠)	首	香	馬	骨	高	髟
머리혈	바람풍	날비	밥식	머리수	향기향	말마	뼈골	높을고	터럭발
鬥	鬯	鬲	鬼	魚	鳥	鹵	鹿	麥	麻
싸울투	술창	솥력	귀신귀	고기어	새조	소금밭로	사슴록	보리맥	삼마
黃	黍	黑	黹	黽	鼎	鼓	鼠	鼻	齊
누를황	기장서	검을흑	바느질할치	맹꽁이맹	솥정	북고	쥐서	코비	가지런할제
齒	龍	龜	龠						
이치	용룡	거북귀	피리약						

5 음양배열과 수리 구성

1) 음양배열

제3장에서 음양오행론에 대한 상세한 언급을 하였기에 여기에서는 생략하고 작명할 때 음양배열의 예만 서술하겠다.

① **음수**
  · 짝수를 말하며 우수라고도 한다.
  · 음수(여성) : 2, 4, 6, 8, 10, 12, 14…

② **양수**
  · 홀수를 칭하며 기수라고도 한다.
  · 양수(남성) : 1, 3, 5, 7, 9, 11, 13…

2) 작명 시 음양배열의 원칙

우주만물이 음양오행의 원리에 따라 생성 변화하듯 성명에도 음양의 조화는 중요한 것이니 순음(음, 음, 음) 또는 순양(양, 양, 양)끼리 이루어지면 결혼을 못하거나 결혼해도 이혼 또는 무자식인 경우가 많으며, 순음끼리 이루어지면 소심하고 소극적이며 내성적인 염세주의자가 많다. 순양으로만(예로 양, 양, 양) 구성된 이름은 개방적이고 비밀이 없으며 덜렁대는 성격으로 계획성 없는 생활을 하는 경우가 많으니 음과 양이 적절히 조화를 이루도록 배열하는 것이 중요하다.

(1) 3자 성명인 경우

① 좋은 음양배열
- 양, 양, 음
- 음, 음, 양
- 양, 음, 양
- 양, 음, 음

② 안 좋은 음양배열
- 음, 음, 음
- 양, 양, 양

상기의 순음이나 순양은 불길하다.

단, 사주에 전부 순양이나 순음인 경우는 예외로 한다.

(2) 2차 성명인 경우

① **좋은 음양배열**
- 음, 양
- 양, 음

② **안 좋은 음양배열**
- 음, 음
- 양, 양

상기의 경우에도 사주에 따라 예외가 있다.

(3) 4차 성명인 경우

이 경우에도 마찬가지로 음양의 배열이 고루 섞여서 조화를 이루면 좋다고 말할 수 있고, 전체가 모두 순음이거나 순양이 되는 것은 피해야 한다.

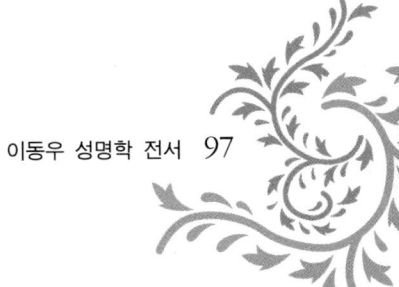

3) 수리 구성

(1) 1자 성에 이름이 2자인 경우

【예 1】 원형리정 수리 4격

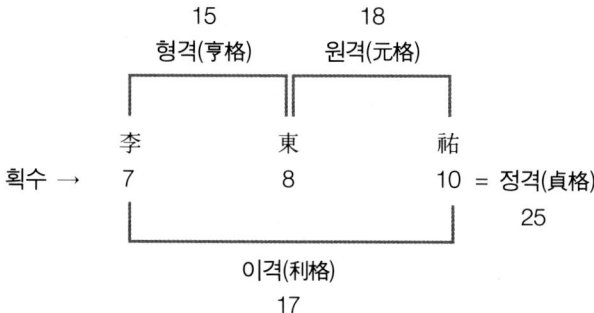

【예 2】 천인지 삼재론

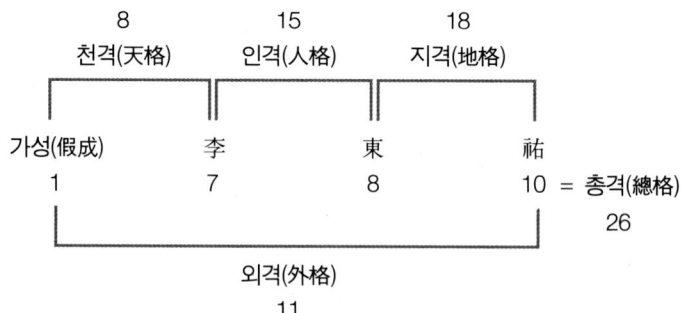

(2) 1자 성에 이름이 1자인 경우

【예 1】 원형리정 수리 4격

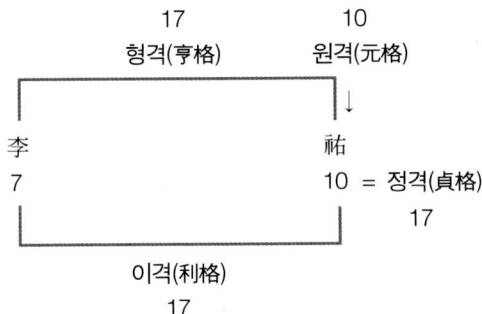

【예 2】 천인지 삼재론

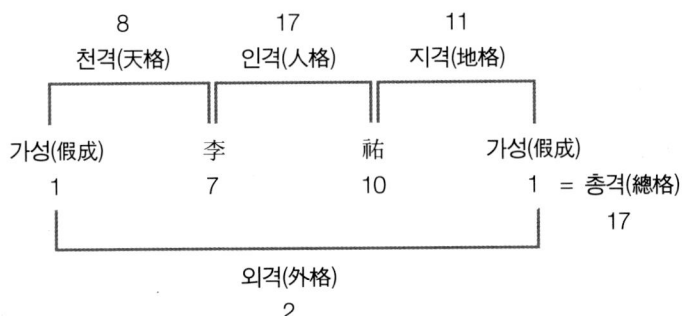

(3) 2자 성에 이름이 1자인 경우

【예 1】 원형리정 수리 4격

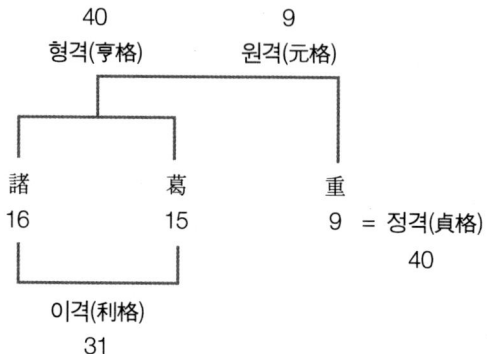

【예 2】 천인지 삼재론

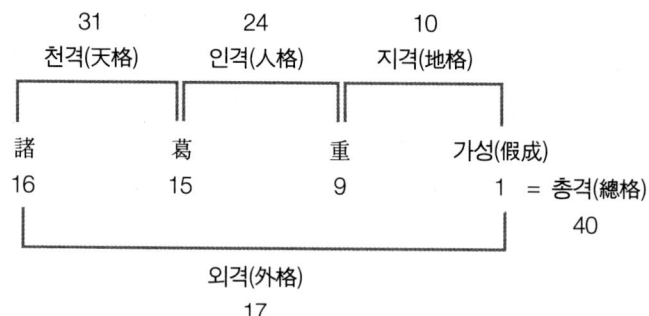

(4) 2자 성에 이름이 2자인 경우

【예 1】 원형리정 수리 4격

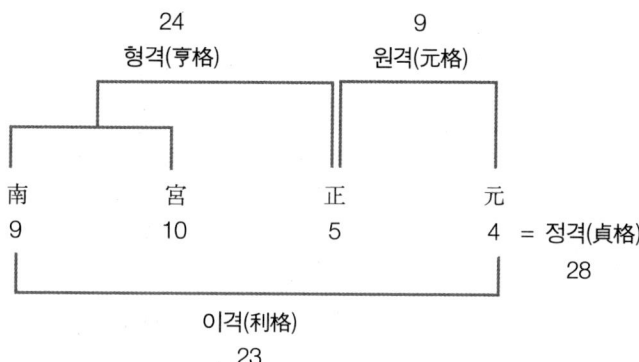

(5) 1자 성에 이름이 3자인 경우

【예 1】 원형리정 수리4격

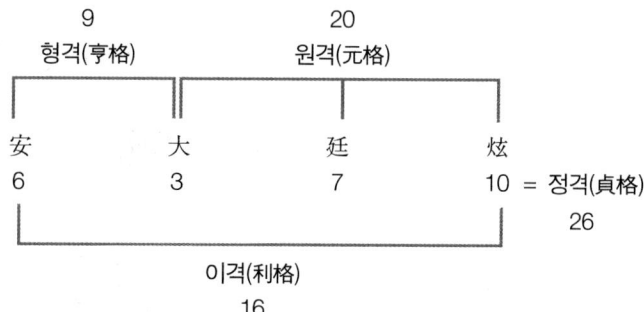

【예 2】 천인지 삼재론

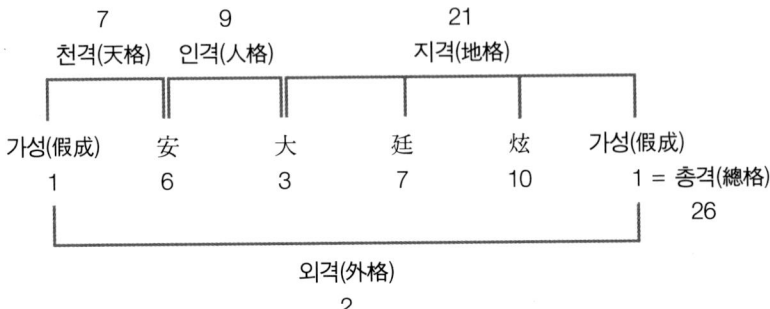

제 4 장

용마하도, 신구낙서와 81수의 영동력

성명학상의 81수는
주나라 시대에 정립된 후천수를 이용한 것이다.
후천수는 전술한 바와 같이
1에서 9까지의 아홉수를 활용한 것이다.
그렇기에 구궁수 또는 구궁도라고 한다.
이 구궁도는 만물의 생성과
소멸의 과정을 의미한다.

1 용마하도(龍馬河圖)와 신구낙서(神龜洛書)

역사 이전의 시대에 복희씨가 다스리던 시기가 있었다고 한다. 이 무렵에 '상체는 용이요, 하체는 말 모양을 한 동물이 나타났다'고 전해지고 있다. 이 동물의 등(용마 등)에는 55개의 점으로 된 무늬가 있었으며 이것을 풀이한 결과 세상 만물의 생성과 소멸을 나타내는 것이며 숫자로 표시되어 있음을 알게 되어 후세에까지 이어져 성명학상의 기본 원리로 자리 잡게 되었다고 전해지고 있다(동쪽은 3과 8, 남쪽은 2와 7, 북쪽은 1과 6, 서쪽은 4와 9, 중앙은 5와 10이라는 숫자임을 깨닫게 된다). 뿐만 아니라 상체는 용, 하체는 말인 이 동물이 물속에서 나타났다고 하여 바로 용마하도(龍馬河圖)라고 칭하였다.

복희씨가 정립한 숫자들(3·8, 2·7, 1·6, 4·9)을 선천수라고 부르며 후에 나오는 후천수와 구별하게 된다. 복희씨의 시대가 지난 뒤, 주나라 시대에 이르러서는 거북이가 등판에 여러 개의 점으로 된 무늬를 그린 채로 나타나 이를 또한 풀이해 본바 4·9·2, 3·5·7, 8·1·6이라는 숫자로 표시되었다는 것을 깨닫게 되었다. 이는 거북이가 물속에서 나타나서 숫자를 전해 주었다고 하여 신구낙서(神龜洛書)라고 부르며 주나라 시대에 정립한 숫자를 후천수라고 칭하여 복희의 선천수와 구별하게 되었다.

용마하도와 신구낙서를 합쳐서 후세에서는 하락이수(河洛理數)라고 불렀으며 이 하락이수에 의하여 팔괘(八卦 : 건(乾)·태(兌)·이(離)·진(震)·손(巽)·감(坎)·간(艮)·곤(坤)을 말한다. 괘(卦)는 걸어놓는다는 뜻으로 천지만물을 명백하게 걸어 인간에게 보이게 한다는 의미이다)가 창제되었으며, 팔괘에 대하여 설명한 책이 바로 우리가 흔하게 접하고 있는 주역이라는 책이다.

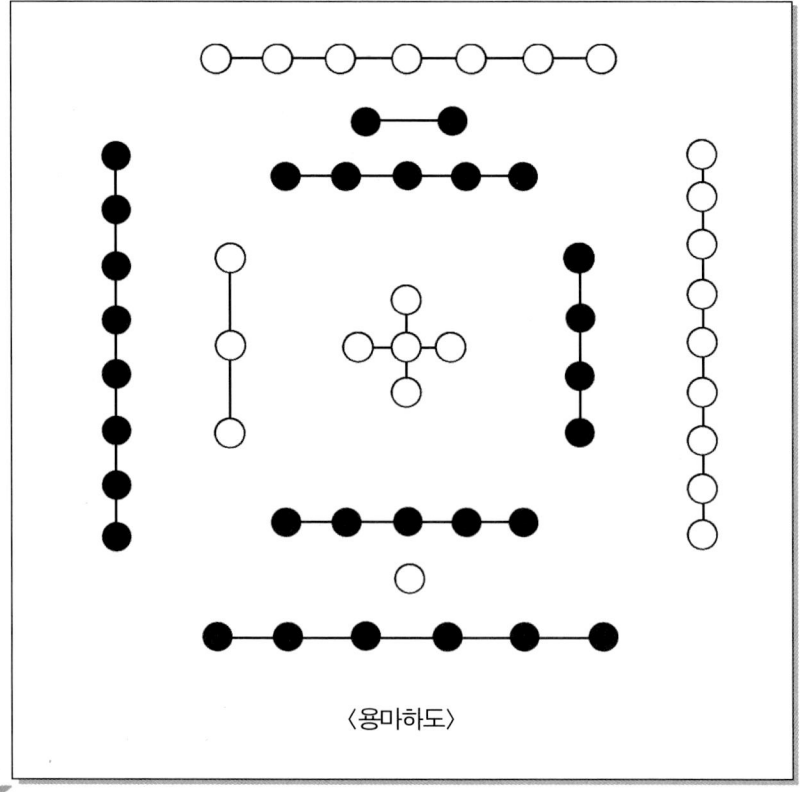

〈용마하도〉

성명학상의 81수는 주나라 시대에 정립된 후천수를 이용한 것이다. 후천수는 전술한 바와 같이 1에서 9까지의 아홉수를 활용한 것이다. 그렇기에 구궁수 또는 구궁도라고 한다. 이 구궁도는 만물의 생성과 소멸의 과정을 의미한다고 한다.

눈치가 빠른 독자라면 벌써 위의 신구낙서의 거북이 등 그림을 보고 알아차렸겠지만, 신구낙서의 가로, 세로, 대각선 어떤 방향으로 더하기를 하든 숫자의 합이 15가 되는 것을 알 수 있을 것이다. 바로 구궁도는 수학에서의 마방진(魔方陣)이라는 공식으로 전해지게 된다.

사족을 덧붙이면 이러한 신구낙서의 구궁도는 중국 삼국시대의 지략가 제갈공명이 팔진도로 응용을 했으며, 조선시대의 수학자 최석정은 지수귀문도(어떤 육각형이든 꼭짓점의 수를 더하면 93이 된다)로 응용하였다. 원래 구궁수는 완벽한 숫자이기에 9를 9번 곱한 81수를 성명학에서는 81수라고 부르며 사용하기에 이른다. 다시 말해 81수는 우주의 모든 원리를 포함하며 세상의 모든 이치를 포함한 숫자라는 의미가 되는 것이다.

4	9	2
3	5	7
8	1	6

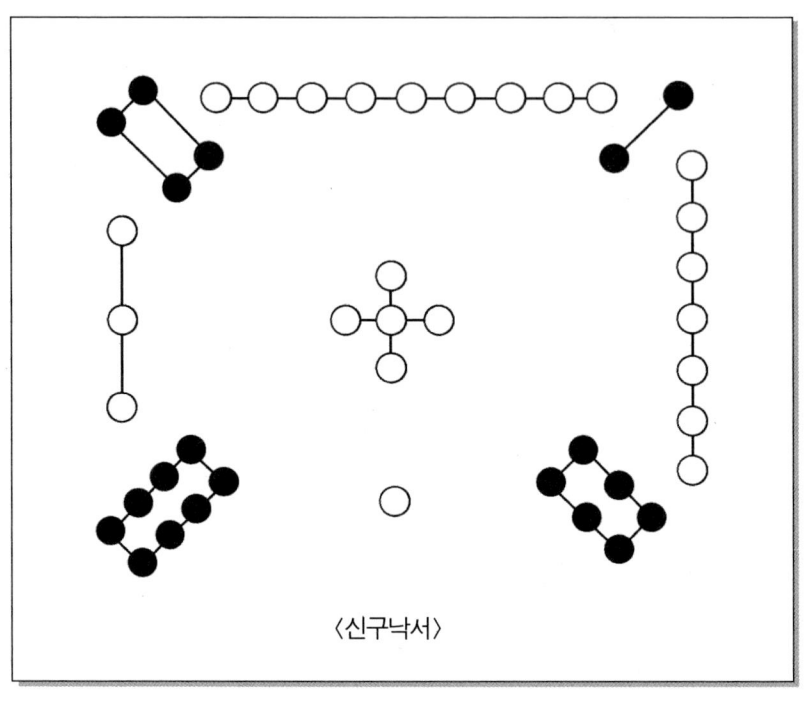

〈신구낙서〉

2 81수의 영동력(靈動力)

| 1~81수 |

○ 수1   시두(始頭)・두령(頭領)・태초운(太初運)의 수

우주(宇宙) 만물(萬物)의 최초를 상징하는 기본이 되는 숫자로 1을 기본(基本)격이라고도 하며 최상의 권위와 명예, 건강, 장수, 부귀영화(富貴榮華) 등 행운(幸運)을 암시(暗示)하는 시두(始頭)・두령(頭領)・태초운(太初運)의 수이다.

× 수2   고독(孤獨)・분산(分散)・박약운(薄弱運)의 수

지혜 다능(多能)하지만 원기가 부족하고 모든 일이 용두사미(龍頭蛇尾)요, 가정운이 불길하여 육친이 무덕(無德)하고 타향(他鄉)과 객지(客地)에서 수심(愁心)과 고독(孤獨)으로 허무한 세월(歲月)을 보내는 고독(孤獨)・분산(分散)・박약운(薄弱運)의 수이다.

○ 수3   복록(福祿)・명예(名譽)・수복운(壽福運)의 수

지모가 뛰어나고 덕망(德望)이 탁월(卓越)하여 만인을 통솔(統

率)하는 지도자적 수로서 천하의 대세(大勢)를 간파하며 만인의 존경을 받는 명예(名譽)와 재운을 겸하여 얻을 수 있으며 정치, 경제 분야에도 대성할 수 있는 복록(福祿)·명예(名譽)·수복운(壽福運)의 수이다.

× 수4 파괴(破壞)·사멸(死滅)·비애운(悲哀運)의 수

의지(意志)가 박약(薄弱)하고 우유부단(優柔不斷)하여 일사불성으로 중도에 실패, 곤고 등 타향객지에서 무위도식(無爲徒食)하는 격이며, 폐병, 불구(不具), 단명(短命), 형액, 육친무덕하며 부부가 생리사별하는 등의 흉운을 초래하는 파괴(破壞)·사멸(死滅)·비애운(悲哀運)의 수이다.

○ 수5 명재(名財)·통어(統御)·복수운(福壽運)의 수

지덕을 겸비한 사방(四方)을 통솔(統率)하는 통솔력 복수(福壽)운으로 조기(早期)에 매사를 통달하는 능숙한 수완(手腕)으로 성취(成就)시켜 만인의 존경이 일신(一身)에 집중(集中)되어 행복한 대길수로 건강(健康)과 명예, 재운을 모두 만족한 명재(名財)·통어(統御)·복수운(福壽運)의 수이다.

○ 수6 덕후(德厚)·계승(繼承)·덕망운(德望運)의 수

지덕(智德)을 겸비하여 화애스러운 기운이 스스로 오래 부귀영화(富貴榮華)를 누리며 확고부동한 신념(信念)과 불요불굴(不撓不屈)의 투지(鬪志)력은 사회적으로 상당한 지위와 위치에 군림(君

臨)하며 대기업을 설립할 부귀공명(富貴功名)의 덕후(德厚)·계승(繼承)·덕망운(德望運)의 수이다.

○ **수7** 발전(發展)·강성(剛性)·강건운(康健運)의 수

강건(强健)한 투지(鬪志)력이 철석같으니 불요불굴(不撓不屈)의 인내심(忍耐心)으로 분투(奮鬪) 노력하여 과업(課業)을 성취(成就)하는 수로서 일시적인 곤란(困難)이 있다 하더라도 난관(難關)을 가히 돌파(突破)하여 만인(萬人)의 존경을 받는 발전(發展)·강성(剛性)·강건운(康健運)의 수이다.

○ **수8** 전진(前進)·발달(發達)·덕망격(德望格)의 수

강한 의지(意志)력과 인내심(忍耐心)으로 어떠한 난관(難關)에 봉착(逢着)하여도 초지일관(初志一貫) 능히 극복(克服)하여 긍정적이며 진보(進步)적으로 부귀공명(富貴功名)의 운세를 암시하며 전진(前進)·발달(發達)·덕망격(德望格)의 수이다. 반면 완강(頑强)한 투지(鬪志)력은 인화(人和)육덕에 힘써야 한다.

× **수9** 궁박(窮迫)·종국(終局)·병약격(病弱格)의 수

재능(才能)이 뛰어나고 지혜가 출중(出衆)하나 희비(喜悲) 쌍곡을 이루는 반길반흉의 운으로 매사가 중도에 좌절(挫折)하며 항상(恒常) 호기(好機)를 상실(喪失)하며 타향(他鄕) 객지(客地)에서 수심(愁心)과 고독(孤獨)으로 허송(虛送) 세월(歲月)하며 심지어 불구(不具), 단명(短命), 형액(刑厄) 등 불운이 시작되면 헤어나기 어려

운 궁박(窮迫)·종국(終局)·병약격(病弱格)의 수이다.

✕ 수10 공허(空虛)·귀공(歸空)·단명격(短命格)의 수

만월(滿月)이 기울듯이 수(數)의 의미는 상실(喪失)과 공허(空虛), 무상(無常), 공망을 암시하며 출중한 재능(才能)으로 성공을 도모하나 의지(意志)력이 부족하여 일사불성이다. 무위도식하며 주거도 불안정(不安定)하며 여성은 더욱 불길하여 부부지간이 생리사별, 관재구설 등 흉운을 암시하며 자식의 운도 박약(薄弱)한 공허(空虛)·단명격(短命格)의 수이다.

○ 수11 재흥(再興)·신성격(新成格)의 수

이 수는 수(數)의 극(極)에서 다시 시작되는 발전과 융창(隆昌)을 의미하여 창조와 추진력이 넘치며 운세도 길하여 매사가 순조롭게 진행되며 투지(鬪志)력과 지혜를 겸비하여 사회적으로 높은 지위에 오르게 하며 적수공권(赤手空拳)으로 무(無)에서 유(有)를 창조(創造)하는 재흥(再興)·신성격(新成格)의 수이다.

✕ 수12 고수(孤愁)·유약격(柔弱格)의 수

이산(離散) 분리(分離)의 운으로 매사가 분산되어 힘도 약해지고 박약(薄弱)해지기 때문에 일시적인 성공도 중도에 좌절을 하고 항상 호기(好機)를 상실(喪失)하며 부부지간에 생리사별, 자녀 불길, 고독(孤獨), 형액(刑厄) 등 흉운이 중첩된다. 성격도 소심하고 내성적이며 염세주의(厭世主義)에 가까워 사회생활이 결여되어 인화와 육덕에 힘써야 한다. 고수(孤愁)·유약격(柔弱格)의 수이다.

○ **수13** 지달(智達)·총명격(總名格)의 수

탁월(卓越)한 지혜와 명석(明晳)한 두뇌(頭腦)로 처세(處世)에 출중하여 하는 일마다 성취하며 어릴 때부터 주위 사람들의 선망이 되며 영도자(領導者)적인 선견지명은 천하(天下)를 장악(掌握)할 수 있는 지달(智達)·총명격(聰明格)의 수이다.

× **수14** 파괴(破壞)·이산격(離散格)의 수

분리(分離), 파괴(破壞)를 암시(暗示)하여 번민(煩悶)과 번뇌, 망상으로 기복이 심하고 지혜가 출중하며 매사를 용이하게 성취하려고 하지만 소심하고 소극적인 성품으로 호기를 상실하는 경우가 많으며 불굴(不屈)의 노력으로 상당한 지위와 재물을 축적한다고 하더라도 일시적인 성공이고 매사가 쇠패(衰敗)하게 된다. 부부, 자녀지간의 운도 불길(不吉)하여 생리사별을 하거나 형식적인 부부생활을 하는 등 고독, 번뇌, 형액 등 흉운의 암시가 강하여 피할 수 없는 파괴(破壞)·이산격(離散格)의 수이다.

○ **수15** 복수(福壽)·통솔격(統率格)의 수

통솔(統率)운으로 음양(陰陽)이 화합(和合)하는 수(數)이니 덕망(德望)과 지혜를 겸비하였다. 윗사람의 신뢰(信賴)와 추앙(推仰)을 한 몸에 받으니 어려움이 닥쳐도 곧 대사 대업(大業)을 성취하여 가정을 부흥시키고 번창하게 된다. 사회적으로는 명예와 신뢰가 출중(出衆)한 인물로 명예와 재물을 겸비한 복수(福壽)·통솔격(統率格)의 수이다.

○ 수16 유재(裕財)·덕망격(德望格)의 수

주변인으로부터 도움을 받을 수 있는 덕망(德望)과 재물(財物)운이 좋고 사회생활도 하는 것마다 성공(成功)하고 부드러우면서 강한 운성은 인망(人望)과 재주도 풍성(豊盛)한 격이니 부귀영화를 누리게 되는 유재(裕財), 덕망격(德望格)의 수이다.

○ 수17 창달(暢達)·용진격(勇進格)의 수

용진(勇進)과 권위(權威)를 의미(意味)하는 수리로 큰 뜻을 갖고 계획성 있게 추진하면 어떠한 어려움이라도 극복(克服)하여 초지(初志) 관철로 대업을 이루며, 투지와 의지로 자립하여 대성하게 되는 수리이다. 일면 강한 투지력 때문에 사회생활이 결여될 수도 있어 불의의 화를 당할 수도 있으니 심신(心身)수양(修養)에 힘쓰면 더욱 대행(大幸)을 누릴 수 있는 창달(暢達)·용진격(勇進格)의 수이다.

○ 수18 융창(隆昌)·발전격(發展格)의 수

발전의 운으로서 확고(確固)한 의지(意志)와 권모술수(權謀術數)가 뛰어나 순조롭게 향상 발전하며 모든 대중의 존경을 받아 사회적으로 상당한 지위에 군림(君臨)하여 양명 천하한다. 그러나 너무 강하면 부부불화 내지 대인관계의 결함(缺陷)을 가져올 수도 있으므로 인화(人和)와 유덕에 힘써야 하는 융창(隆昌)·발전격(發展格)의 수이다.

✕ 수19 병악(病惡)·성패격(成敗格)의 수

고난운으로 두뇌가 명석하고 지혜가 출중(出衆)하나 매사가 용두사미(龍頭蛇尾)격으로 노력한 만큼 성과를 얻지 못하고 허송세월(虛送歲月)을 하는 경우가 많다. 가정이 불안정하고 부모무덕, 부부, 자녀간 인연이 박약하여 고독, 실패, 요절, 생리사별 등의 흉운을 암시(暗示)하는 병악(病惡)·성패격(成敗格)의 수이다.

✕ 수20 허망(虛妄)·공허(空虛)·형액격(刑厄格)의 수

음양(陰陽)의 조화(調和)를 잃은 수이다. 이성(異姓)간에 인연(因緣)이 박약(薄弱)하고 지혜(智慧)는 출중하지만 순간의 고초를 당하는 경우가 있다. 허약체질에 육친이 무덕(無德)하거나 부모자녀 간에 생리사별을 하거나 형액, 불구 등 단명(短命)의 허망(虛妄), 공허(空虛)·형액격(刑厄格)의 수이다.

○ 수21 두령(頭領)·자립(自立)·수령격(首領格)의 수

타고난 두뇌(頭腦)와 진취적인 기상으로 이름을 사해(四海)에 떨치며 부귀영화(富貴榮華)를 누리는 수리이다. 지덕용(智德勇)이 모두 갖추어진 대길(大吉)운으로 대중(大衆)을 지도하는 리더로서 강한 운세로 의지가 강할 뿐만 아니라 다정다감(多情多感)하여 대인관계도 원만하게 이끈다. 사회적으로 항상 존경을 받는 두령(頭

領)·자립(自立)·수령격(首領格)의 수이다.

✕ 수22 단명(短命)·중절(中絶)·실패격(失敗格)의 수

중절(中絶)운으로 지모(智謀) 재략(才略)은 있으나 때를 만나지 못해 기량(氣量)을 발휘하지 못하는 수이다. 기회가 있을 때마다 중도에 좌절(挫折)을 당하며 부모형제 무덕(無德)하고 부부운도 불길하며 자녀 상실, 형액 등 흉운이 중첩하게 되는 단명(短命)·중절(中絶)·실패격(失敗格)의 수이다.

○ 수23 왕성(旺盛)·공명(功名)·창성격(昌盛格)의 수

욱일(旭日) 승천(昇天)하는 기세(氣勢)로 권위(權威)와 위세가 하늘을 찌르고 명성을 널리 떨치게 된다. 두뇌가 명석하고 덕망이 탁월하여 비천(卑賤)하게 출생해도 일약(一躍) 출세하게 되는 왕성(旺盛)·공명(功名)·창성격(昌盛格)의 수이다. 하지만 여성은 불길하다는 학설도 있지만 여성의 사회진출이 활발한 현 시대에는 맞지 않는 생각이라고 생각하는 바이다.

○ 수24 축재(蓄財)·입신(立身)·출세격(出世格)의 수

축재의 운으로 지모와 재략(才略)이 출중(出衆)하여 이지적이고 예술(藝術) 방면에 소질이 있다. 불굴(不屈)의 분투노력으로 점진(漸進)적으로 성장하여 목적을 달성하고 공명(功名)이 천하에 진동(振動)하여 재물과 명예를 함께 획득(獲得)하는 축재(蓄財)·입신(立身)·출세격(出世格)의 수이다.

○ 수25 재록(財祿)·안강(安康)·건창격(健暢格)의 수

안강운으로서 외유내강(外柔內剛)의 성품으로 감정(感情)이 섬세하고 지(智)와 예(藝)가 다재다능하여 한평생 커다란 어려움 없이 지내며 성실한 노력형으로 자수성가(自手成家)하여 명예(名譽)와 재물(財物)을 함께 획득하는 재록(財祿)·안강(安康)·건창격(健暢格)의 수이다.

× 수26 영웅(英雄)·만달격(晚達格)의 수

정의(正義)롭고 호협(豪俠)적인 영웅(英雄)의 운으로서 카리스마가 있으며 충신(忠臣), 열사, 열녀, 효자 등이 많은 운이다. 하지만 도박(賭博)과 호색(好色)에 빠지거나 횡액(橫厄)을 면치 못하여 불운이 시작되면 고난은 불측(不測)이라 부부이별, 고독, 변사 등의 불운에도 빠질 수 있는 영웅(英雄)·만달격(晚達格)의 수이다.

× 수27 좌절(挫折)·대인격(大人格)의 수

흥망(興亡)과 성쇠(盛衰)가 반복되는 운이다. 영명(英明)하고 투철(透徹)한 대인물로서 사업을 거행함에 있어서 웅지(雄志)로써 달성하며 일국에 권세를 떨치며 부귀공명(富貴功名)을 하지만 때로는 중도 좌절되고 육친무덕, 부부 생리사별, 형액, 단명, 불구 등 흥망성쇠(興亡盛衰)의 곡절이 많은 좌절(挫折)·대인격(大人格)의 수이다.

✕ 수28 파란(波瀾)·풍파격(風波格)의 수

풍파(風波)격 조난(遭難)운이라고도 하는데 영웅(英雄) 호걸(豪傑)적인 운의 기운(氣運)이 작용하여 한때 성공을 해도 변동이 심하여 일시에 사라지고 부모 자녀지간이 생리사별 또는 불구, 단명(短命), 관재(官災), 구설 등의 난관에 봉착되는 파란(波瀾)·풍파격(風波格)의 수이다.

○ 수29 향복(享福)·성공격(成功格)의 수

향복의 운으로 지모(智謀)가 출중하고 왕성한 생활력과 투지(鬪志)로써 대사(大事)와 대업(大業)을 달성(達成)하고 부귀공명(富貴功名), 부귀장수, 편안한 생활을 하며 사회적으로 대단한 지위를 차지하는 향복(享福)·성공격(成功格)의 수이다.

✕ 수30 불안(不安)·춘몽격(春夢格)의 수

불안(不安) 불측(不測)의 운으로 일시적인 성공은 있으나 난관(難關)에 봉착(逢着)하니 그 난(難)은 헤아릴 수가 없다. 의외로 반향으로 반전하는 경우도 있다. 매사를 확정하지 못하고 우왕좌왕(右往左往)하다가 어려움을 면하지 못하게 되는 불안(不安)·춘몽격(春夢格)의 수이다.

○ 수31 흥가(興家)·세찰격(世察格)의 수

자립(自立) 흥가의 운으로 세상일의 흥망성쇠(興亡盛衰)를 통찰하여 견실(堅實)한 의지와 불굴의 투지로 자립 대성하여 빈손으로 대사업을 부흥시켜 부귀공명(富貴功名)과 리더의 위치를 확립하는 흥가(興家)·세찰격(世察格)의 수이다.

○ **수32** 왕성(旺盛)·요행격(僥倖格)의 수

요행의 운으로 순풍(順風)에 돛을 단 배처럼 때를 만나 의외로 큰 운이 생기는 운이다. 판단력(判斷力)이 출중하여 매사가 일사천리(一瀉千里)로 움직이고 대길하는 운으로 명성이 천하에 떨쳐져 만인이 존경하는 왕성(旺盛)·요행격(僥倖格)의 수이다.

○ **수33** 융성(隆盛)·승천격(昇天格)의 수

승천격으로 바다에서 용이 하늘로 오르는 것과 같은 진취적(進取的)인 기상은 소기의 목적을 달성하도록 하는 운이다. 지모와 재략(才略)이 출중하여 권세(權勢)가 충천하니 만인의 존경을 받게 되는 융성(隆盛)·승천격(昇天格)의 수이다.

× **수34** 파괴(破壞)·반란격(反亂格)의 수

파멸의 운으로 불측(不測)의 재난(災難)이 속출하여 만사가 여의치 못하고 부부 생리사별과 흉운이 중첩(重疊)하여 단명, 형액, 패가망신 등 최악의 불행(不幸)을 초래하게 되는 파괴(破壞)·반란격(反亂格)의 수이다.

○ 수35 안강(安康)·평화격(平和格)의 수

천성(天性)적으로 근면성(勤勉性)과 성실성(誠實性)으로 소기의 목적을 스스로 달성(達成)하여 명예, 행복, 부귀(富貴), 장수(長壽) 등 대길한 수리이다. 예술, 기술 분야에서 특히 발전 성공을 많이 하는 안강(安康)·평화격(平和格)의 수이다.

× 수36 파란(波瀾)·영웅격(英雄格)의 수

파란의 운으로서 영웅(英雄) 시비(是非)격이라고도 한다. 의협심(義俠心)과 호걸(豪傑)의 기질이 강하기 때문에 난관(難關)이 많고 항상 불안하며 혹(惑) 대중(大衆)의 존경과 사랑을 받는 자리에 오르게 되더라도 급병(急病), 불구, 단명 등 어려움에 빠지게 되는 파란(波瀾)·영웅격(英雄格)의 수이다.

○ 수37 출세(出世)·정치격(政治格)의 수

출세의 운으로 강인한 과단성(果斷性)으로 능히 천하(天下)의 난관을 헤쳐 나갈 수 있는 운이다. 난관을 극복하고 소기의 목적에 도달하면 명예와 명성이 천하를 진동하게 되는 출세(出世)·정치격(政治格)의 수이다.

○ 수38 문예(文藝)·장수(長壽)의 수

리더의 운으로 문학적 재능과 인격, 기품이 대단한 인물(人物)로서 만사(萬事)를 능히 다스리며, 일단 때를 만나게 되면 파죽지세

(破竹之勢)로 대성하여 권위가 왕성한 운세로서 덕망이 높아 부귀공명(富貴功名)과 명예가 겸전(兼全)한 문예(文藝)·장수(長壽)의 수이다.

○ **수39** 장성(將星)·성공격(成功格)의 수

안락한 운으로서 일시적(一時的)인 곤란은 있더라도 지혜와 인내(忍耐)력으로 극복 매진(邁進)하여 결과적으로는 부귀(富貴), 권위(權威), 명예(名譽)가 따르며 공직에서도 최고위직에 오르며 사업운도 대길(大吉)하여 만인(萬人)의 존경을 받으며 통솔력(統率力)으로 위상은 수령(首領)적 위치에 오르게 되는 장성(將星)·성공격(成功格)의 수이다.

× **수40** 공허(空虛)·변화격(變化格)의 수

공허한 수로서 일시적으로 성공(成功)한다 하더라도 쇠운(衰運)이 발작(發作)할 때에는 성공도 오래가지 못하며 투기적인 욕심이 과다하여 일확천금(一攫千金)의 꿈을 꾸다가 패가망신(敗家亡身)할 수도 있다. 허영심(虛榮心)과 과욕은 금물이며 공덕과 보시(布施)로 심신(心身) 수양을 하면 행운이 오는 공허(空虛)·변화격(變化格)의 수이다.

○ **수41** 제중(濟衆)·고명격(高名格)의 수

고명운으로서 타고난 대길운에 인품과 덕망, 투지가 준수하고 통찰(洞察)력과 안목(眼目)이 있고 세사(世事)에 대한 선견지명(先見

之明)은 능히 만인의 스승으로 중생(衆生)을 제도(濟度)하며 이름을 천추(千秋)에 전하는 지도자(指導者)적인 길운을 암시하는 제중(濟衆)·고명격(高名格)의 수이다.

✕ 수42 수난(受難)·신고격(辛苦格)의 수

수난의 운으로서 지혜 다능(多能)하여 전심전력(全心全力)하면 성공할 수도 있다. 하지만 선천적인 재주가 많아 다각적으로 박식하다 보니 의욕이 넘치는 기분으로 다방면에서 계획하지만 일사불성으로 좌절(挫折) 상태에 놓이며 부부 생리사별, 병난, 고독, 불구, 단명, 교통사고 등 불운을 암시(暗示)하는 수난(受難)·신고격(辛苦格)의 수이다.

✕ 수43 산재(散財)·성쇠격(盛衰格)의 수

산재되는 운으로서 진취적(進取的)인 기품은 세사(世事)를 달통(達通)하여 일시적으로 성공하는 듯하지만 내실은 공허(空虛)하여 대개는 일생(一生)을 파란곡절(波瀾曲折) 속에서 살아가며 실패와 재난이 많아 불측(不測) 불화(不和)를 초래하는 산재(散財)·성쇠격(盛衰格)의 수이다.

✕ 수44 파멸(破滅)·침마격(侵魔格)의 수

파멸의 운으로서 매사가 불성(不成)으로 일시적인 성공도 조석(朝夕)으로 파괴가 되며 만사(萬事) 불여, 도산, 단명, 이산, 파괴 등 흉운이 계속되어 생활이 불안정한 가운데에서 과욕으로 뜻밖의 손해(損害)까지 보게 된다. 만난(萬難)의 사선(死線)을 돌파한 연후에 간혹 장군, 열사, 대부호(富豪) 등의 대인물(大人物)이 나올 수도 있는 파멸(破滅)·침마격(侵魔格)의 수이다.

○ **수45** 현달(顯達)·대각격(大覺格)의 수

현달운으로 지혜가 출중(出衆)하고 의지가 확고하여 부귀공명(富貴功名)하며 권세(權勢)를 누릴 수 있으며 선견지명(先見之明)과 덕량(德量)은 만인(萬人)의 우두머리로서 대사업을 성취할 수 있다. 만사(萬事)가 형통(亨通)하고 대발전하는 현달(顯達)·대각격(大覺格)의 수이다.

× **수46** 비수(悲愁)·미운격(未運格)의 수

지혜 다능하여 계획은 잘 수립하지만 영웅(英雄)이 때를 얻지 못하여 방황하는 격으로 만사(萬事)가 여의(如意)치 않고 수심 고독으로 허송세월을 하는 불운이 계속된다. 신체허약, 단명, 불구, 정신질환 등이 계속되는 비수(悲愁)·미운격(未運格)의 수이다.

○ **수47** 득시(得時)·출세격(出世格)의 수

출세(出世)의 운으로서 만물(萬物)이 소생하는 봄에 피는 꽃과 같이 영웅(英雄) 앞에 마(馬)가 있는 격이다. 매사가 순조롭게 발전하여 자손만대(子孫萬代) 번영(繁榮)과 영화를 누리며 대사(大事) 대업(大業)을 무난히 성공시키는 천부(天賦)의 다행(多幸)을 누리는 득시(得時)·출세격(出世格)의 수이다.

○ **수48** 영달(榮達)·제중격(濟衆格)의 수

영달의 운으로서 재능(才能)과 지모(智謀)가 출중(出衆)하여 천하(天下) 지세(地勢)를 통찰한다. 대중(大衆)을 선도(善導)하는 제도 중생의 위망을 천하(天下)에 진동케 하여 복록이 따르는 영달(榮達)·제중격(濟衆格)의 수이다.

× **수49** 성패(盛敗)·변화격(變化格)의 수

성패의 운으로서 흥망성쇠(興亡盛衰)가 반복되어 항상 불안정(不安定)한 생활을 하게 되며 공허, 공망 등 대흉운의 성패(成敗)·변화격(變化格)의 수이다.

× **수50** 길흉(吉凶)·상반격(相半格)의 수

길흉이 마주하는 격의 수로서 의지(意志)가 박약(薄弱)하고 운성이 혼미(昏迷)하여 자주성의 결여로 일시 성공하여 부귀영화(富貴榮華)를 기할 수도 있으나 패가망신(敗家亡身), 병고, 형액 등 길흉(吉凶)·상반격(相半格)의 수이다.

× **수51** 성패(盛敗)·길흉격(吉凶格)의 수

성패운으로서 번영(繁榮)과 실패가 상반(相半)을 이루는 수리이다. 초기에 적극 노력하면 소기의 목적을 성취(成就)할 수 있을지라도 중도(中途)에 자연히 좌절(挫折)하게 되는 길흉(吉凶)·상반격(相半格)의 수이다.

○ 수52 시승(時乘)·승룡격(乘龍格)의 수

용(龍)이 때를 만나 하늘을 오르는 격으로 무(無)에서 유(有)를 창조(創造)하는 운세(運勢)이니 그 세력은 가히 대지 대업을 달성시키고 부귀공명(富貴功名)을 하는 대(大)기운의 시승(時乘)·승룡격(乘龍格)의 수이다.

× 수53 반길(半吉)·내허격(內虛格)의 수

반길운으로서 외견은 행복(幸福)하나 내적으로는 재난(災難)과 불행(不幸)이 항상 존재(存在)하는 반길(半吉)·내허격(內虛格)의 수이다.

× 수54 패가(敗家)·무공격(無功格)의 수

패가하는 운으로서 고난과 흉운이 중첩(重疊)하므로 분투노력(奮鬪努力)하여 일시적(一時的)인 성공을 하더라도 일사가 불성(不成)이요, 운세(運勢)가 불행하여 근심과 걱정이 끊일 날이 없으니 형액(刑厄), 불구, 단명 등 흉운이 겹치는 패가(敗家)·무공격(無功格)의 수이다.

× 수55 불안(不安)·미달격(未達格)의 수

불안한 운수로서 외부(外部)로는 융성(隆盛)과 번창(繁昌)을 한 것처럼 보이지만 실상은 우환(憂患)이 따르는 형상이며 매사가 불안정하며 색난(色難), 이별, 부모상실, 육친(肉親) 무덕(無德), 조난, 병고, 단명(短命), 불구 등의 흉액이 지속되는 불안(不安)·미달격(未達格)의 수이다.

✕ 수56 패망(敗亡)·한탄격(恨歎格)의 수

패망의 수로서 박약(薄弱)하고 인내(忍耐)력도 부족한 편이며 불평불만(不平不滿)으로 매사가 좌절(挫折)감에 빠지는 수리이다. 분투노력(奮鬪努力)은 하지만 매사가 유두무미의 패망(敗亡)·한탄격(恨歎格)의 수이다.

○ 수57 강성(强盛)·봉시격(逢時格)의 수

강성운으로서 난관(難關)에 봉착(逢着)해도 시간이 지나면 자연히 길운으로 전환(轉換)되어 매사가 순풍(順風)에 돛을 단 격으로 왕성해지며 매사가 형통하여 성공 영달을 하는 강성(强盛)·봉시격(逢時格)의 수이다.

△ 수58 후복(後福)·선곤격(先困格)의 수

반길반흉의 수리이다. 희(喜)와 비(悲)가 반반인 수리이지만 꾸준한 인내와 노력으로 결국 성공하는 운이며, 시작보다 결과가 좋게 되므로 인생의 말년(末年)에 접어들어 안정을 찾게 되고 대기만성(大器晩成)의 인물이 많은 후복(後福)·선곤격(先困格)의 수이다.

✕ 수59 불성(不成)·재화격(災禍格)의 수

불성(不成)의 운으로서 인내심(忍耐心)이 부족하고 투지(鬪志)력이 없어 매사가 이루어지지 않고 재난에 봉착(逢着)하여 도탄에 빠지는 불성(不成)·재화격(災禍格)의 수이다.

✕ 수60 재난(災難)·동요격(動搖格)의 수

재난운의 수로서 앞의 59수와 유사한 운기(運氣)를 형성한다. 바다에 일엽편주(一葉片舟)격으로 파란곡절(波瀾曲折)이 많고 육친무덕, 사업부도, 질병, 단명(短命) 등 흉운을 초래하는 재난(災難)·동요격(動搖格)의 수이다.

△ 수61 재리(財利)·이지격(理智格)의 수

재리의 운으로서 지모(智謀)재략이 출중(出衆)하고 명예(名譽)와 재물(財物)을 겸득(兼得)하여 부귀영화(富貴榮華)를 누리는 운세이다. 그러나 가정불화, 가족이별 등으로 흉운을 초래하기도 하는 재리(財利)·이지격(理智格)의 수이다.

✕ 수62 쇠퇴(衰退)·화락격(和樂格)의 수

쇠퇴운의 수로서 운기(運氣)가 쇠퇴하여 일사불성이요, 사회적 지위(地位)와 권세(權勢)도 타락하여 패가망신(敗家亡身)하고 신체허약, 불구, 단명 등을 초래하는 흉운이 중첩하는 쇠퇴(衰退)·화락격(和樂格)의 수이다.

○ **수63** 발전(發展)·순성격(順成格)의 수

길상(吉祥)운의 수로서 매사가 용이하게 융성(隆盛) 발전(發展)하여 소기의 목적을 달성(達成)하고 권세(權勢)와 행복을 누리는 행운을 초래하는 발전(發展)·순성격(順成格)의 수이다.

× **수64** 쇠멸(衰滅)·봉상격(逢霜格)의 수

파멸(破滅)의 운으로서 침체(沈滯)와 파멸(破滅)이 겹치는 최고 최대의 흉운의 수이다. 육친무덕, 가정파탄, 질병, 단명 등 대흉운을 암시하는 쇠멸(衰滅)·봉상격(逢霜格)의 수이다.

○ **수65** 흥가(興家)·휘양격(輝陽格)의 수

흥가(興家)운으로 동쪽 하늘에서 태양(太陽)이 떠오르는 격으로, 매사 순조롭게 성취(成就)하여 금(金)과 옥(玉)이 온 가정에 가득 차 있으니 사회적으로 상당한 지위에 올라 만인(萬人)을 통솔(統率)한다. 가문(家門)에 영광(榮光)과 자손(子孫) 번창(繁昌)하는 흥가(興家)·휘양격(輝陽格)의 수이다.

× **수66** 실등(失登)·암야격(暗夜格)의 수

어두운 밤길에 행인(行人)이 등불을 잃은 격이니 사면초가(四面楚歌)로 전도(前途)가 암담(暗澹)하다. 재앙(災殃)이 중첩하고 부부불화, 육친무덕, 질병 등 실등(失燈)·암야격(暗夜格)의 수이다.

○ **수67**　영달(榮達)·천복격(天福格)의 수

달통(達通)하는 운으로 강유(剛柔) 겸전(兼全)하여 어떠한 난관(難關)에 봉착(逢着)하더라도 극복 매진(邁進)하여 매사가 형통(亨通)한다. 천부(天賦)의 대행(大幸)운의 수리로서 부귀(富貴) 공명하는 영달(榮達)·천복격(天福格)의 수이다.

○ **수68**　발명(發明)·명지격(明智格)의 수

창의적인 사고로 발명, 특허 등으로 융성 발전하며 예술 방면에서의 재능이 탁월하여 예술가로서 명성(名聲)과 경제적 이익이 대길(大吉)한 수리이다. 어떠한 역경(逆境)과 난관(難關)에도 극복 매진(邁進)하여 입신양명(立身揚名)하는 발명(發明)·명지격(明智格)의 수이다.

× **수69**　정지(停止)·종말격(終末格)의 수

불안(不安)한 운으로서 인생(人生) 항로(航路)의 종말(終末)을 고하는 뜻으로 심신이 불안(不安)하고 허약체질, 불구, 단명, 재난 등의 흉운을 유도하는 정지(停止)·종말격(終末格)의 수이다.

× **수70**　암야(暗夜)·공허격(空虛格)의 수

공망운으로 어두운 밤에 등(燈)을 잃은 격으로 매사가 일사불성이다. 수심(愁心)과 고독이 끊이지 않으며 매사가 비운(悲運)과 곤경(困境)이다. 불구, 단명, 이별 등 암야(暗夜)·공허격(空虛格)의 수이다.

○ 수71　발전(發展)·현룡격(見龍格)의 수

발전운으로 길복이 내포되어 미래에 명예(名譽)와 권세(權勢)를 얻는 행운의 수리로서 착실하게 발전하는 길운이니 진취적인 기상은 소기의 목적을 달성하는 원동력(原動力)이 되게 하는 발전(發展)·현룡격(見龍格)의 수이다.

△ 수72　후곤(後困)·상반격(相半格)의 수

후곤운으로 길흉(吉凶)이 상반되고 선부후곤이며 일사불성(一事不成)격으로 흉운을 암시하는 후곤(後困)·상반격(相半格)의 수이다.

○ 수73　안과(安過)·평길격(平吉格)의 수

안정운으로 실천(實踐)력과 인내(忍耐)력이 있어 소기의 목적을 성취(成就)하며 수복(壽福)을 향수(享受)하고 있어 일평생 평화로운 안과(安過)·평길격(平吉格)의 수이다.

× 수74　불우(不遇)·우매격(愚昧格)의 수

파탄(破綻)운으로서 무지(無知)한 중에 계획성(計劃性) 없이 추진하여 일사불성이며 무위도식(無爲徒食)으로 허송세월(虛送歲月)하며 불의의 사고나 재난 등 역경에 봉착하는 불우(不遇)·우매격(愚昧格)의 수이다.

△ 수75 평화(平和)·적시격(適時格)의 수

반길 반흉운으로 의외로 부귀공명(富貴功名)하는 수도 있으나 우유부단(優柔不斷)하고 소극적인 행동으로 제사가 여의치 못하여 매사를 심사숙고(深思熟考)해야 하는 평화(平和)·적시격(適時格)의 수이다.

○ 수76 후성(後盛)·선곤격(先困格)의 수

선곤 후길운으로 전반에는 매사가 불길하지만 후반에는 점차적으로 튼튼한 기반을 확립하여 말년에는 행복을 누리는 후성(後盛)·선곤격(先困格)의 수이다.

× 수77 길흉(吉凶)·전후격(前後格)의 수

길(吉)과 흉(凶)의 교차운으로서 처음에는 성공 발전하지만 마지막에는 흉운을 초래하며, 만약 그렇지 않다면 처음에는 불길(不吉)하고 끝에는 대길(大吉)하게 되는 길흉(吉凶)·전후격(前後格)의 수이다.

△ 수78 평복(平福)·선길격(先吉格)의 수

길흉(吉凶) 상반(相半)의 운으로서 77수와 유사한 운을 암시(暗示)하며 매사가 유두무미로 평복(平福)·선길격(先吉格)의 수이다.

× 수79 　종말(終末)・종극격(終極格)의 수

무력(無力)으로 최선의 노력을 한다고 해도 일사불성이다. 심신(心身)이 허약(虛弱)하여 용두사미(龍頭蛇尾)의 종말(終末)・종극격(終極格)의 수이다.

× 수80 　종지(終止)・종결격(終結格)의 수

종말(終末)의 운으로서 수리의 마지막으로 종결(終結)을 의미한다. 무기력(無氣力), 질병 등 흉운을 암시(暗示)하는 종지(終止)・종결격(終結格)의 수이다.

○ 수81 　갱희(更喜)・환원격(還元格)의 수

환원운으로 81수는 다시 1로 환원한다는 의미의 수이다. 9의 9승으로 앞의 1수의 의미와 같은 창조와 소생의 영동력이 왕성하여 길상을 암시하는 갱희(更喜)・환원격(還元格)의 수이다.

이 외에 82수 이상의 수는 이 수(數)에 80을 제외한 수를 적용하면 된다. 예를 들어 91수가 있다면 이 수에서 80을 뺀 11수가 길흉(吉凶)을 논하는 수가 되는 것이다.

※ 상기 21, 23, 33수리가 여성의 원(元)형(亨)리(利)정(亭)격에 쓰이면 너무 강한 운성을 내포하여 남편의 운을 약화시켜 불길하다고 주장하는 일부 학설이 있으나 여성의 사회활동이 활발한 현대에는 무방하다고 할 수 있다.

제 5 장

오행원리

음령(한글소리, 발음)오행은
성명학에서 가장 중요시하는 것이다.
음령오행이란
이름의 한글 발음을 뜻하는 것으로
이 한글 발음에서 오행을 표출하는 것이다.
천지간에는 끊임없이 나고 있다. 소리는
즉 존재한다는 증거인 것이다.
태교할 때 좋은 음악은 태아의 마음을
편안하게 하고 나쁜 소리는 혐오감을 느끼게
하는데 이는 음향이 인간 오관에 주는 직접적인
영향이라 할 수 있다.

 1 오행 속성원리

1) 오행 木의 속성원리

001 木 木 木

배우자 및 자녀	남녀 다 배우자는 착실한 상대를 만나 평화로운 가정을 이루고, 자녀는 효자효녀를 둘 수 있다.
성품과 특색	인내력이 강하고 외유내강하며 온건하고 총명하며 기략이 특출하다.
운세	기초가 튼튼하여 항상 발전하고 매사에 성공하는 상이며 가문이 번창한다.

002 木 木 火

배우자 및 자녀	자녀를 과보호하는 사랑이 마마보이로 키울까 걱정되며 나무에 불을 붙이듯 가정은 화목하다.
성품과 특색	총명하고 착실하며 감수성이 강한 외유내강형이다.
운세	기초가 단단하여 모든 일이 순조롭게 진행되어 성공하고 번영하며 행복하다.

003 木 木 土

배우자 및 자녀	부부 화락하여 행복하고 평안이 지속되는 화목한 가정이라 자녀복이 있고 말년이 복되다.
성품과 특색	착실하고 총명하며 온화하고 친절한 사교성이 있어 뭇사람으로부터 신용을 얻어 환영받는다.
운세	끈기와 인내력이 있어 매사를 단단하게 다져감으로 인망이 있고 만사가 순조로워 마냥 발전 일로에 있는 운세이다.

004 木 木 金

배우자 및 자녀	부부간이 딱 그렇게 좋은 상대를 만나지 못하여 항상 부족한 점이 발견되고 자녀도 겉으로는 괜찮은 듯하나 효도하긴 어렵다.
성품과 특색	정직하고 친절하며 의리를 중시하는 사람이다. 때론 완고하고 방약무인하고 사람 다루는 것이 서툴러 수하인의 감정을 상하게 하는 일이 있다.
운세	성공운은 있으나 자주 직장이나 직업을 옮기는 등 주거의 안정성이 없다. 밑에 사람이나 부하가 배반하여 손해 보는 일이 있다.

005 木 木 水

배우자 및 자녀	가정 화평, 자녀 화목하다.
성품과 특색	감수성이 강하고 정열적이며 온건 착실하고 근면하다.
운세	초년에 성공하여 말년에 안정된다.

006 木 火 木

배우자 및 자녀	부부화합, 자녀효도.
성품과 특색	희로애락의 감정이 극단적이며 감수성이 강한 성격으로 친절하며 여자는 매력적이고 부드럽다.
운세	기초가 단단하고 주위의 도움이 있어 순풍에 돛 단 듯 성공한다.

007 木 火 火

배우자 및 자녀	가정이 원만하다.
성품과 특색	감정이 격하기 쉽고 극단적이다. 용감하고 투지가 강하다.
운세	윗사람의 도움이 있어 초년부터 발전하여 안정된 생활을 한다. 단 지구력이 약한 것이 흠이다.

008 木 火 土

배우자 및 자녀	자녀도 많고 부모덕이 있다.
성품과 특색	정열적이고 감수성이 강하다. 사교적이고 친절하며 예의가 바르다.
운세	기초가 견실하여 순조롭게 성공하고 행복하다.

009 木 火 金

배우자 및 자녀	가정에 풍파가 있을 수 있다.
성품과 특색	희로애락의 감정이 극단적이다. 허영과 사치를 즐긴다.
운세	일시적으로 성공은 하나 불안한 점도 있다. 내실을 기해야 한다.

010 木 火 水

배우자 및 자녀	아랫사람과 불화가 있고 자녀와 불화한다.
성품과 특색	성격이 급하고 강하며 투쟁적이다.
운세	윗사람의 도움으로 일시적으로 성공하나 말년이 불안하다.

011 木 土 木

배우자 및 자녀	부모 연이 박하고 자녀 덕도 약하다.
성품과 특색	호기심이 강하고 의지가 약하다.
운세	마음이 불안하여 사업에도 변화가 많고 주택도 자주 옮긴다.

012 木 土 火

배우자 및 자녀	가정이 원만하고 자녀가 효순하다.
성품과 특색	호기심이 있으나 심지가 허약하다.
운세	일시 성공운이 있으나 불평이 많고 마음의 변화가 심하여 일을 성사시키기가 힘들다. 평범한 운세다.

013 木 土 土

배우자 및 자녀	부모덕은 약하나 자녀는 잘 자란다. 가정에 화가 가끔 있다.
성품과 특색	침착하고 신중한 성격으로 내향성이다.
운세	일을 벌여 추진하나 성사가 안 되어 불평이 쌓이고 근심이 그치지 않는다.

014 木 土 金

배우자 및 자녀	색정의 난을 조심해야 한다. 자녀는 아름답다.
성품과 특색	소극적이나 복종심이 없고 축 늘어진 성격이다.
운세	큰 발전은 기대하기 어렵고 평범하게 살아가나 불평이 많다.

015　木 土 水

배우자 및 자녀	부모덕이 없고 자녀도 불행하다.
성품과 특색	친절하나 보수적인 성격으로 사람과 사귀기를 꺼린다.
운세	불평불만이 많아 성공하기 어렵다.

016　木 金 木

배우자 및 자녀	가정이 불행하고 자녀와도 뜻이 안 맞는다.
성품과 특색	의협심이 있고 남을 위하여 희생하는 인정이 있다.
운세	겉으로는 안정된 듯하나 실속이 없고 곤란한 일이 중첩된다.

017　木 金 火

배우자 및 자녀	자녀 덕이 없다.
성품과 특색	언어와 행동이 다듬어지지 못하여 엉뚱한 모습으로 비친다.
운세	혹 지능이 낮은 것인지 인생을 포기한 것인지 분간이 안 될 정도로 불안하다. 되는 일도 없고 하는 일이 막히기만 한다. 대흉운이다.

018 木 金 土

배우자 및 자녀	가정이 불화하나 자녀는 잘 자란다.
성품과 특색	말없이 침착하나 불만은 많다.
운세	기초가 있어 초반은 발전한다. 그러나 정신적인 피로가 있다. 점차 운도 쇠퇴한다.

019 木 金 金

배우자 및 자녀	부모덕이 없고 자녀와도 불화한다.
성품과 특색	재치가 있고 두뇌가 빠르다.
운세	성급한 면이 있어 비난을 받고 주위의 배척을 받아 고독을 면하기 어렵다. 실패 수가 많아진다.

020 木 金 水

배우자 및 자녀	자녀들도 고생이 많다.
성품과 특색	심신이 불안정하고 과묵한 성격이다.
운세	노고는 많으나 이루는 것은 적다. 발전 중에 실패가 있고 비운에 처하는 예가 많다.

021 木 水 木

배우자 및 자녀	가정이 원만하고 자녀도 번창한다.
성품과 특색	정열적이며 윗사람을 존경하는 예절 바른 사람이다.
운세	주위의 도움이 있어 순조롭게 성공하며 행복하다.

022 木 水 火

배우자 및 자녀	가정이 불화하고 아내와 자녀를 극한다.
성품과 특색	성격이 예민하고 신경질적이다.
운세	인생 초반은 순조롭게 발전하나 기초가 불안하여 흉운이 오면 쉽게 실패한다.

023 木 水 土

배우자 및 자녀	거처가 불안하고 처와 자녀 연도 박하다.
성품과 특색	성격이 모가 나고 참을성이 없어 주위의 비난을 많이 받는다.
운세	표면적으로 성공하고 안정된 듯하나 실속이 없고 갑자기 재앙이 닥쳐 실패하고 고난을 받는다.

024	木 水 金
배우자 및 자녀	가정은 원만하고 자녀가 효순하다.
성품과 특색	사람이 온화하고 심지가 굳으며 선량하나 의지력이 강하다.
운세	부모덕으로 초반에 성공하고 안락한 생활을 하나 과욕을 부리면 하루아침에 패가한다.

025	木 水 水
배우자 및 자녀	부모덕은 약하나 자녀 덕이 있고, 가계도 넉넉하게 꾸려간다.
성품과 특색	이기적이며 돈에만 집착하여 인색하다는 평을 듣는다.
운세	낭비가 적어 일시에 성공하고 부귀를 얻는다.

2) 오행 火의 속성원리

026 火 木 木

배우자 및 자녀	자녀 덕도 있고 행복한 가정이나 건강에 힘써야 한다.
성품과 특색	성실하게 노력하는 사람으로 성격이 유하고 부드럽다.
운세	부모의 원조가 있고 윗사람이 잘 돌봐주어 순조롭게 성공한다.

027 火 木 火

배우자 및 자녀	겨울 출생자는 건강하고 장수한다.
성품과 특색	노력형으로 다소 투쟁적이나 의지력이 미약할 때가 있다.
운세	일생이 평온무사하고 항상 발전하며 행복이 있다.

028 火 木 土

배우자 및 자녀	가정도 원만하고 자녀도 잘 자란다.
성품과 특색	성격이 쾌활하고 사교적이어서 대인 관계가 원만하다.
운세	주위의 도움이 있고 기초가 단단하고 노력한 만큼 거두어 성공 발전한다. 운세가 좋은 길상이다.

029 火 木 金

배우자 및 자녀	가정과 자녀가 불행하고 심신이 괴롭다.
성품과 특색	시작은 있으나 끝이 없는 의지가 약한 성격으로 신경질적이다.
운세	일시 성공하나 부하 직원과의 갈등으로 전업하게 되고 환경이 변하여 실패한다.

030 火 木 水

배우자 및 자녀	부모덕은 있으나 자녀는 노고가 많다.
성품과 특색	인내력이 있는 외유내강형이다. 단, 시기심이 강하고 투쟁적이다.
운세	초년은 화려하며 중년 이후도 안정된다.

031 火 火 木

배우자 및 자녀	자녀가 효순하고 아내는 가정적이다.
성품과 특색	대인 관계가 원만하여 세인의 호감을 사고 여자는 미모가 출중하다.
운세	기초가 확고하며 위아래 사람들의 도움으로 성공하고 융성 발전한다. 공동사업이 좋다.

032　火 火 火

배우자 및 자녀	가정은 불만이 쌓이고 고독하다.
성품과 특색	성급하고 맹렬하며 열정적인 성격이다. 인내심이 부족한 것이 결점이다.
운세	성난 맹수같이 일에 덤벼들어 일시적으로는 성공하나 과욕을 부려 확장하고 여러 사업에 손대면 불의의 재난이 따른다. 끝이 좋지 않다.

033　火 火 土

배우자 및 자녀	부모덕은 있으며 자녀도 융성 발전한다.
성품과 특색	온후하고 착실한 사람으로 뒷심이 강하다.
운세	초년의 노력으로 중후년부터는 안정된다.

034　火 火 金

배우자 및 자녀	처와 자녀를 극하고 싸움이 잦다. 모두 경제적인 원인에서 시작된다.
성품과 특색	놀기를 좋아하고 조급한 성격이어서 무엇 하나 이루지 못하고 떠돌며 놀기에 힘쓴다.
운세	일시 성공하나 허영과 호색으로 패가하고 떠돌며 놀기에만 열중하여 말년엔 한숨뿐이다.

035 火 火 水

배우자 및 자녀	항상 가정이 불화한다.
성품과 특색	조급하고 신경질적인 성질이다. 의욕이 적고 지나치게 세밀하다.
운세	일시 성공은 하나 의외의 재난이 있어 생명과 재산상의 손실로 몰락하고 불안한 생활을 하는 운세이다.

036 火 土 木

배우자 및 자녀	가정은 불평불만이 많다.
성품과 특색	사람이 착실하고 친절미가 있다.
운세	부모의 덕이 있어 일시 성공한다. 그러나 운세의 길흉이 변화가 심하여 말년에는 실패 수가 많다.

037 火 土 火

배우자 및 자녀	가정이 원만하고 신체가 강건하여 장수한다. 자손 덕은 있다.
성품과 특색	지혜가 있고 아량이 깊으며 착실하고 윗사람을 공경한다.
운세	부모의 덕이 있고 주위의 도움으로 안정된 생활을 하며 의외의 성공을 거둔다.

038 火 土 土

배우자 및 자녀	가정이 화목하고 자녀도 효순하여 태평세월이며 장수한다.
성품과 특색	부지런하며 착실한 노력형이다.
운세	자수성가형으로 열심히 노력하여 성공의 결실을 맺고 주위 사람들과 대인 관계가 좋아 원만하다.

039 火 土 金

배우자 및 자녀	처자와 가정은 불행하고 색정으로 가정에 파탄이 온다.
성품과 특색	원만한 성격이나 약간 소극적이다.
운세	어렸을 때부터 집안이 유족했으나 자라면서 가세가 기울고 중년 이후 몰락하여 노고가 심하다.

040 火 土 水

배우자 및 자녀	부모덕은 있으나 자녀 덕이 없고 재난으로 생명의 고비를 많이 겪는다.
성품과 특색	눈치만 빠르고 말과 행동이 다르며 남을 미혹하여 성공을 꾀하려고 한다.
운세	초반은 성공하는 듯하나 화가 닥쳐오면 조수가 밀려오는 듯 계속 고난이 밀려와 손을 들고 만다. 불안정한 흉운이 계속된다.

041 火 金 木

배우자 및 자녀	가정이 불화하고 자녀가 불행하다.
성품과 특색	의심이 많고 의지력이 약하나 감정에는 민감하다.
운세	겉으로는 화려하나 실속은 없고 노력은 하나 열매가 적다.

042 火 金 火

배우자 및 자녀	좋지 않은 경우가 많다.
성품과 특색	행동이 물불을 가리지 않는 무뢰한 같은 성격이다.
운세	고독하고 일생이 불안정한 생활이다.

043 火 金 土

배우자 및 자녀	가정불화, 가족의 조난사고가 있으며 심신이 항상 피곤하다.
성품과 특색	총명하나 의심이 많고 남을 비평하는 습관이 있다.
운세	남과 조화가 잘 안 되어 고독하고 외로운 생활을 하며 일신이 불안정하고 번민이 많다. 일시적으로 의외의 성공도 있다.

044 火 金 金

배우자 및 자녀	가정에 불화가 있다.
성품과 특색	재능이 있고 총명하나 남과 다투길 좋아한다.
운세	불평이 많아 남과 잘 어울리지 못하여 성공이 어렵다. 의외의 재난으로 자녀에게 화가 있다.

045 火 金 水

배우자 및 자녀	자녀도 흩어진다.
성품과 특색	의심이 많고 시비가 그치지 않아 남과 어울리지 못한다.
운세	가정이 적막하고 고독한 운세로 성공이 어렵다. 질병과 재난이 연속되어 고난의 일생이다.

046 火 水 木

배우자 및 자녀	자녀가 고생하나 혹 일시 성공자도 있다.
성품과 특색	의기소침하고 따지길 좋아하며 품행이 바르지 못하다.
운세	일생 동안 평안함이 없이 재난이 임하고 질병이 있어 고난의 연속이다.

047 火 水 火

배우자 및 자녀	일생 주거가 안정되지 못하여 아내와 자식도 뿔뿔이 흩어진다.
성품과 특색	신경질적인 성격으로 반항아이다.
운세	주색에 심취하여 가정을 돌보지 않고 떠돌아다니는 풍전등화의 운명이다.

048 火 水 土

배우자 및 자녀	가정에 인연이 없고 자녀도 불화한다.
성품과 특색	오만불손하고 거리의 불량배마냥 주위 사람이 손가락질한다.
운세	겉으로는 문제가 없는 것 같으나 항상 번뇌하며 고민이 많아 술을 마시면 항상 말썽을 부리고 의외의 재난으로 가세가 몰락하여 파멸의 신세다.

049 火 水 金

배우자 및 자녀	부모와 인연이 박하고 자녀와의 인연도 없다.
성품과 특색	욕심이 많고 불평불만이 많다.
운세	운세가 불길하여 불안정한 생활을 한다.

050	火 水 水
배우자 및 자녀	자녀는 불행하다.
성품과 특색	자신만 잘난 체하고 남이 알아주지 않는 자만을 떤다.
운세	한때 성공하는 듯하여 기고만장하다가 어느덧 실패하여 실의에 빠져 곤고한 일생이다.

3) 오행 土의 속성원리

051　土 木 木

배우자 및 자녀	자녀는 고생이 많다.
성품과 특색	의지가 강하고 성실하게 노력하는 사람이다.
운세	가내 평안하고 크게 성공하진 못하나 큰 환난 없이 태평하게 지낸다.

052　土 木 火

배우자 및 자녀	자녀 복이 있고 가내 평안하다.
성품과 특색	끈질긴 노력가이다.
운세	성공운이 비교적 더디나 근면하고 성실하여 하나하나 주춧돌을 쌓듯 재산을 축적하여 부족함 없이 지낸다.

053　土 木 土

배우자 및 자녀	대체로 안 좋은 편이다.
성품과 특색	생각은 똑바르나 노력이 적다.
운세	기초가 있어 느리지만 평안하다. 늙어서는 고난도 있다.

054 土 木 金

배우자 및 자녀	가정 불안, 자녀와 연이 박하다.
성품과 특색	먹고 놀기를 즐기는 낙천가이다.
운세	어떤 일에 열중하지 않으므로 무엇 하나 이루는 것이 없다.

055 土 木 水

배우자 및 자녀	가정이 흩어지고 유랑한다.
성품과 특색	성격이 곧고 노력하는 형이다.
운세	작은 성공을 거두나 운이 따라주지 않아 겉만 화려하고 실속이 없다.

056 土 火 木

배우자 및 자녀	처와 자녀의 복도 많고 가정이 화평하다.
성품과 특색	현실 타개를 위하여 적극적으로 노력하며 여자는 부드럽고 매혹적이다.
운세	부모의 덕이 있어 초반부터 어려움 없이 지낸다. 중년 이후 노력하여 명예와 대성공을 이루어 착한 일도 많이 한다.

057 土 火 火

배우자 및 자녀	평생이 무난하며 큰 병 없이 지낸다.
성품과 특색	지혜가 있으나 약간 괴팍한 성격이 있다. 여자는 미인형이다.
운세	초년은 고생하나 자수성가하여 집안을 일으키고 행복한 가정을 이룬다. 타인과 조화를 이루어야 대성한다.

058 土 火 土

배우자 및 자녀	자녀는 평범하나 풍파는 없다.
성품과 특색	친절하고 적극적인 노력가이다.
운세	기초가 안정되고 심신이 평안하여 하는 일이 점점 성취되고 명예와 부가 쌓인다.

059 土 火 金

배우자 및 자녀	자녀의 연이 적고 가정은 불만이 많다.
성품과 특색	지혜도 있고 적극적인 노력가이다. 운이 미약하다.
운세	모든 일에 용약 매진하나 끝이 없다. 실속이 적어 분주하기만 하고 열매가 적어 불안한 생활의 연속이다.

060 土 火 水

배우자 및 자녀	가정불화, 불행의 연속이다.
성품과 특색	의지가 약하고 신경질적이다.
운세	한때 성공하나 의외의 재난으로 재산을 잃고 불안정한 생활을 한다.

061 土 土 木

배우자 및 자녀	자녀들이 고생이 많다.
성품과 특색	거만하고 잘난 체하는 성격이다.
운세	부모덕으로 한때는 떵떵거리고 살지만 본인이 사회 일선에 나간 후 무엇 하나 이루지 못하고 재산만 날리고 고전한다. 그러나 말년에 한때 평안한 시기도 있다.

062 土 土 火

배우자 및 자녀	자녀가 잘되고 부모의 유산으로 행복을 누린다.
성품과 특색	성실하고 정직하며 노력하는 타입이다. 여자는 총명하고 매혹적이다.
운세	운이 있으나 성공은 천천히 늦게 온다. 고난 속에 꽃이 피고 열매를 맺어 행복을 만끽한다.

063 土 土 土

배우자 및 자녀	자녀 복이 있고 행복한 가정이다.
성품과 특색	괴팍한 성격으로 융통성이 적다.
운세	성공의 속도가 늦다. 그러나 무난한 일생으로 행복하다고 해야 한다. 나이 들어 운세가 상승한다.

064 土 土 金

배우자 및 자녀	가족 모두 화평하여 항상 웃는 얼굴이다. 단, 호색은 문제를 일으킨다.
성품과 특색	온건하고 착실하다.
운세	더디 오나 성공은 보장된다. 가정이 평안하고 행복하다.

065 土 土 水

배우자 및 자녀	가정은 불행하다.
성품과 특색	의리 있는 사람이나 남과 시비가 많다.
운세	성공 속에 문제가 있어 나이가 들면서 점점 쇠락하여 흉운이 밀어닥친다.

066 土 金 木

배우자 및 자녀	부모덕이 있으나 자녀는 불행하다. 처와 인연도 약하다.
성품과 특색	감수성이 강하고 예민하나 의심이 많다.
운세	윗사람의 혜택으로 한때 평안하나 기초가 없어 의외의 실패로 몰락하여 고난이 계속된다.

067 土 金 火

배우자 및 자녀	자녀가 불행하다.
성품과 특색	의지와 감정이 극단적이다.
운세	윗사람의 도움이 있다. 한때 성공하나 실속이 적어 가정에 파란이 있고 사업은 실패하여 몰락한다.

068 土 金 土

배우자 및 자녀	부모덕이 있고 효순하다.
성품과 특색	온건하며 착실하고 총명하며 인내력이 있다.
운세	기초가 안정되어 노력할수록 항상 발전한다. 가문을 일으키고 명예를 얻는 상이다.

069 土 金 金

배우자 및 자녀	가정이 평안하고 아내도 건강하고 자녀도 복이 많다.
성품과 특색	감수성이 예민하고 희로애락의 감정이 좋다.
운세	남과 화평하면 큰 성공을 거둔다. 노력의 결과가 모두 열매를 맺는다.

070 土 金 水

배우자 및 자녀	가정이 평안하고 자녀도 발전한다.
성품과 특색	감수성이 예민하고 온건 착실하다.
운세	성공 발전하며 재물과 명예를 얻는다.

071 土 水 木

건강	질병의 고난이 있다.
배우자 및 자녀	가정이 불행하다.
성품과 특색	지혜가 있고 침착한 성격이나 의지력이 약하다.
운세	실력은 있으나 노력이 적어 성공의 열매가 적다.

072　土 水 火

배우자 및 자녀	자손 복이 적다.
성품과 특색	지혜가 있으나 민감하고 감수성이 강하다.
운세	부모덕이 없어 초년부터 고난이 많고 파란만장한 생이 계속된다.

073　土 水 土

배우자 및 자녀	부모덕이 적고 자녀가 불행하다.
성품과 특색	지혜가 있고 감수성이 있으나 활동성이 약하다.
운세	초년에는 안정되나 중년 이후 의외의 재난으로 몰락하여 불안정한 생활이 계속된다.

074　土 水 金

배우자 및 자녀	처와 자녀의 복이 적다.
성품과 특색	성격은 곧으나 불평불만이 많고 남과 불화한다.
운세	욕심이 있어 급히 성공을 서두르나 뜻대로 되지 않고 실패한다. 노력에 비해 얻는 것이 없다.

075	土 水 水
배우자 및 자녀	안전성이 없고 재난이 겹쳐 고생한다.
성품과 특색	정력적이고 수완가이다.
운세	젊어 한때 성공하여 동분서주하나 점차 실패하여 몰락한다.

4) 오행 金의 속성원리

076　金 木 木

배우자 및 자녀	가족은 분산되고 화평이 없다.
성품과 특색	감수성이 있는 노력가이나 의심이 많다.
운세	기초가 튼튼하나 의심이 많아 타인과의 공동 사업에서 실패한다.

077　金 木 火

배우자 및 자녀	부부간에 화목치 못하고 자녀는 불행하다.
성품과 특색	의심이 많고 남과 불화한다.
운세	겉으로는 무사 평온하나 사업에서는 성공이 없다. 불평불만이 많고 주위 사람과 반목한다.

078　金 木 土

배우자 및 자녀	가정은 비교적 불화가 적다.
성품과 특색	감수성이 강하고 의심이 많다.
운세	초년은 그런 대로 잘 지내나 나이 들면서 가정이 몰락하여 재산을 잃고 일마다 성사가 안 되고 패운이 짙다.

079 金 木 金

배우자 및 자녀	배우자도 생별과 사별을 되풀이한다.
성품과 특색	다정다감하고 의심도 많다.
운세	환경의 변화가 심하고 마음도 조변석개하여 안정되지 못하고 이랬다저랬다 하여 이루는 일이 없다.

080 金 木 水

배우자 및 자녀	가족과의 연이 박하여 별거하거나 이별한다.
성품과 특색	인내력이 강하고 의심이 많으나 노력형이다.
운세	한때 성공하여 잘 지내나 종내는 과욕으로 실패하여 패가한다.

081 金 火 木

배우자 및 자녀	처와 자녀의 연이 적다.
성품과 특색	부드럽고 친절한 성격이나 의지가 약하다.
운세	손아랫사람의 도움이 있어 일시 성공하나 점차 하강하여 쇠퇴하고 몰락한다.

082 金 火 火

배우자 및 자녀	가정은 일시 원만하나 변괴가 발생한다.
성품과 특색	허영과 사치가 있고 교묘한 말로 남을 속이려 한다.
운세	지구력이 떨어지고 남을 속이려는 것이 탄로나 초반은 잘되나 인생 중반 이후 몰락한다. 고독한 상.

083 金 火 土

배우자 및 자녀	처와 불화하고 가정은 불행하다.
성품과 특색	남을 꾀하려는 지혜의 언변가이다.
운세	기초가 있어 발전도 있으나 결국은 노력만 할 뿐 성사가 없다.

084 金 火 金

배우자 및 자녀	가정불화, 자녀 연이 적다.
성품과 특색	교만하고 지혜를 믿고 두려움을 모르는 성격이다.
운세	겉으로 평온한 듯하나 항상 모사를 꾀하고 일은 한 건도 이루지 못하고 실패하여 몰락한다.

085　金 火 水

배우자 및 자녀	가정이 일시 행복하나 오래가지는 못한다.
성품과 특색	고집이 있는 외유내강형이다.
운세	하늘의 도움이 적어 노력은 하나 결실을 거두지 못한다. 재산과 생명을 잃을 수 있다.

086　金 土 木

배우자 및 자녀	부모덕이 있으나 처와 자녀는 불행하다.
성품과 특색	자존심이 강하여 위아래 사람과 마찰이 심하다.
운세	처음은 성공하나 환경이 불안정하여 점차 몰락하여 슬픔에 처하는 운세이다.

087　金 土 火

배우자 및 자녀	처와 자녀가 화목하다.
성품과 특색	윗사람은 공경하나 아랫사람과는 화합한다.
운세	부모덕으로 성공하여 수완 좋은 사람으로 이름이 있다. 주위 사람과 친화력을 유지해야 한다.

088　金 土 土

배우자 및 자녀	자녀와 화평하다.
성품과 특색	감수성이 있고 성정이 강한 노력가이다.
운세	순풍에 돛 단 듯 순조롭게 발전하여 부와 명예를 획득한다.

089　金 土 金

배우자 및 자녀	가정이 원만하다.
성품과 특색	신용이 있고 원만하며 명예욕이 강하다.
운세	대인관계가 좋아 목적이 달성되고 사업이 번창하여 행복한 생활을 한다.

090　金 土 水

배우자 및 자녀	처와 자녀에 대한 연이 적다.
성품과 특색	의심이 많고 항상 비판적이다.
운세	처음은 성공하나 오래가지 못하고 돌발적인 사고로 재난이 발생하여 실패하고 몰락한다.

091 金 金 木

배우자 및 자녀	처와 불화하고 자녀는 불행하다.
성품과 특색	감수성이 예민하고 의심이 많다.
운세	겉으로는 안정된 듯하나 안으로는 불안하다. 의외의 재화로 가세가 몰락하고 불행하게 된다.

092 金 金 火

배우자 및 자녀	처와 불목하고 자녀는 불행하다.
성품과 특색	언행이 과격하고 쉽게 노하고 쉽게 포기한다.
운세	성공한 듯하나 오래가지 못하고 재난으로 사업이 몰락한다. 신체과로도 한 원인이다.

093 金 金 土

배우자 및 자녀	자녀도 축복받고 처도 건강하다.
성품과 특색	온후하고 정열적이며 윗사람을 존경하고 아랫사람을 사랑한다.
운세	순탄하게 성공하여 명예와 부를 이루고 권위가 있다.

094　金 金 金

배우자 및 자녀	부부간에 생별, 사별 수가 있다.
성품과 특색	지혜의 칼을 갖고 있으나 교만하고 남을 찌르는 말을 잘한다. 여자는 매혹적이고 지성미가 있다.
운세	성공운이 있기는 하나 주위 사람과 불화, 투쟁으로 오래가지 못하고 몰락한다.

095　金 金 水

배우자 및 자녀	가정이 원만하고 자녀도 평범하다.
성품과 특색	끈기와 의지력이 있다.
운세	초년에는 약간의 난관이 있으나 말년에 안정된다.

096　金 水 木

배우자 및 자녀	가정이 불안하다.
성품과 특색	외유내강형이며 지략이 있으나 의지력이 약하다.
운세	초년에는 약간의 난관이 있으나 말년에 안정된다.

097 金 水 火

배우자 및 자녀	가정이 불행하다.
성품과 특색	끈기 있게 노력하나 신경질적인 성격이다.
운세	부모의 덕이 있고 초반에 일시 성공하나 갑자기 재앙이 닥쳐 재산과 명예를 잃고 고전한다.

098 金 水 土

배우자 및 자녀	자녀가 불효한다.
성품과 특색	자존심만 강하고 남의 말을 듣지 않는다.
운세	윗사람의 도움이 있어 인생 초반은 순조롭다. 쉽게 성공하고 쉽게 실패하는 성공과 실패가 교차하는 운세이다.

099 金 水 金

배우자 및 자녀	처와 자녀가 행복하고 평안하다.
성품과 특색	근면 성실하고 명랑하며 기지가 있다.
운세	조상의 음덕이 있어 의외의 성공을 거두고 행복한 생활을 즐긴다.

100	金 水 水
배우자 및 자녀	가정이 화목하고 자녀도 잘된다.
성품과 특색	사교적이고 쾌활하나 돈에 너무 집착한다.
운세	부모의 혜택으로 쉽게 잘 풀려 나가며 중년 이후 융성 발전한다.

5) 오행 水의 속성원리

101 水 木 木

배우자 및 자녀	가정은 행복하고 자녀도 창성한다.
성품과 특색	온후 화평한 성격으로 노력형이다. 의타심이 있다.
운세	선조의 도움으로 좋은 환경에서 화평을 누리며 성실하게 살아간다. 처음에는 어려운 점도 있으나 점차 사업이 번창하고 성공 발전한다.

102 水 木 火

배우자 및 자녀	가정은 기복이 있고 자녀도 불만이 있다.
성품과 특색	기지가 있고 감수성이 풍부하다.
운세	부모의 덕이 있어 성공 발전하여 평안을 유지한다. 그러나 초년은 복이 있으나 말년에 패운이 있다.

103 水 木 土

배우자 및 자녀	가정이 화목하고 자녀도 효순하다.
성품과 특색	기지가 있고 명랑하며 성실하다.
운세	윗사람의 혜택을 얻어 순조롭게 성공하며 계속 발전한다. 재산도 늘어가고 신용도 쌓여 점차 크게 성장한다.

104 水 木 金

배우자 및 자녀	부모의 혜택은 있으나 자녀는 고생이 많다. 재난이 자주 닥친다.
성품과 특색	온화하지만 외유내강형이다. 음험한 성격도 있다.
운세	한때 성공하여 부귀를 누리나 점차 하강하여 끝내 실패하고 몰락한다.

105 水 木 水

배우자 및 자녀	가정은 원만하다.
성품과 특색	온화하고 감수성이 풍부하다.
운세	초년에 고생하나 중년 이후 한때 성공하고 순조롭게 지낸다.

106 水 火 木

배우자 및 자녀	가정은 비교적 안정된다.
성품과 특색	온화하고 기지가 있으나 조급한 성격이다.
운세	기초가 단단하여 어느 정도 발전 성공하나 중년 이후 중도에 돌발적인 재난으로 실패하여 불행하다.

107 水 火 火

배우자 및 자녀	부모덕도 약하고 처와 자녀의 연도 없다.
성품과 특색	기지가 있고 감수성이 풍부하나 성격이 조급하고 난폭성이 있다.
운세	실패와 성공이 자주 교차되는 변화가 많은 운세이다. 파란이 많아 편할 날이 없다.

108 水 火 土

배우자 및 자녀	가정은 비교적 평온하다.
성품과 특색	다급한 성격에 의기소침한 점이 있다.
운세	기초가 단단하나 돌발 사태로 성공은 못하고 계속 실패만 하고 불행이 연속된다.

109 水 火 金

배우자 및 자녀	처와 자식을 극한다.
성품과 특색	초조해하고 조급하며 의기소침해하는 성격이다.
운세	일생이 순탄치 못하다. 성공한 듯하나 바로 실패한다. 주위와 다투거나 불화가 있어 실패의 골이 깊어진다.

110 水 火 水

배우자 및 자녀	가정불화가 잦고 생별, 사별도 있을 수 있다.
성품과 특색	자존심이 너무 강하고 다른 사람과 불화가 잦다.
운세	운세가 따라주지 않아 의외로 재산을 날리고 상심한다.

111 水 土 木

배우자 및 자녀	처와 자녀의 연이 적어 불화와 충돌이 잦다. 단 이 운에서 영웅적인 인물이 탄생하기도 한다.
성품과 특색	사치와 허영심이 있고 오만한 성격이다.
운세	환경의 혜택도 적고 조상의 덕도 없어 불안정한 인생이다. 노력은 하지만 어려운 장애가 가로막고 성취가 되지 않는다.

112 水 土 火

배우자 및 자녀	가정이 불행하다.
성품과 특색	조급한 성격에 사치와 허영심이 있다.
운세	인생 초반의 어려움을 극복하고 일시적으로 성공한다. 그러나 장애가 계속 밀어닥쳐 불안정한 생활이 계속된다.

113　水 土 土

배우자 및 자녀	가정에도 재앙이 밀어닥친다.
성품과 특색	감수성이 풍부하고 허영심이 가득하며 의지가 약하다.
운세	어려움을 극복하면서 점차 발전하여 비교적 안정된 생활을 하나 인생 후반에 돌발사태로 어려움이 밀어닥쳐 몰락한다.

114　木 土 金

배우자 및 자녀	가정에 불의의 재난이 있다.
성품과 특색	의지가 약하나 세밀한 성격에 남에게 신뢰감을 준다.
운세	소극적인 성격이나 과욕을 삼가 비교적 안정 발전한다. 불의의 재난에 조심해야 한다. 인생 후반기가 비운의 운세이다.

115　水 土 水

배우자 및 자녀	가정은 불평불만이 많고 화평이 없다.
성품과 특색	온화하고 의기소침한 성격에 허영심이 있다.
운세	인생에 장애가 밀어닥쳐 매우 곤고하게 지낸다. 한때 잘나간다 싶으나 곧 어려움이 닥쳐 실패하고 만다. 변화가 많은 운세이다.

116 水 金 木

배우자 및 자녀	부모를 일찍 여의고 처와 자녀의 인연도 좋지 않아 복되지 못하다.
성품과 특색	감수성이 예민하고 민감하며 소심하고 의심이 많다.
운세	처음은 성공 발전하며 안정된 듯하나 중년부터 변화가 심하여 불안하고 장애가 닥쳐와 실패가 반복된다. 풍파가 많은 상이다.

117 水 金 火

배우자 및 자녀	늙어 가정이 불안하고 흉한 일이 처와 자녀에게 밀려든다.
성품과 특색	과욕을 부리고 행동의 폭이 너무 커 비난의 대상이 된다.
운세	과욕은 패가한다. 실패가 있으며 지나친 행동이 심하여 '돈키호테'라고 불린다.

118 水 金 土

배우자 및 자녀	가정이 평안하고 자녀도 효순하나 여자는 부도(婦道)를 지켜야 해로한다.
성품과 특색	재치가 있고 두뇌가 명석하며 노력하는 실천가이다.
운세	아침 일찍부터 부지런히 노력하는 덕택으로 초반의 어려움이 극복되고 점차 발전하여 명예와 재산이 축적되어 한 도시의 유명인사가 된다.

119 水 金 金

배우자 및 자녀	처와 자녀가 화목하다.
성품과 특색	외유내강형으로 재치가 있고 자존심도 강하다.
운세	쉬지 않고 노력하는 형으로 지혜 다능하여 성공 발전한다.

120 水 金 水

배우자 및 자녀	가정이 평온하며 자녀 덕도 있다.
성품과 특색	감수성이 강하고 허영심이 있다.
운세	모든 일이 초년에 노력하면 뜻대로 이루어진다.

121 水 水 木

배우자 및 자녀	가정이 평안한 자는 대성공한다.
성품과 특색	외유내강하다.
운세	분수를 지키고 미래를 계획하면 말년에 복이 있다.

122　水 水 火

배우자 및 자녀	아내를 잃고 자녀와도 연이 없어 고독한 운명이다.
성품과 특색	독립심이 강하나 자기 과신이며 허영심이 많다.
운세	끈기가 없어 실패하나 항상 자신을 과신하고 다시 일에 달려드나 성사가 안 된다. 일생에 파란이 중첩된다.

123　水 水 土

배우자 및 자녀	가정이나 자녀 모두 불운하다.
성품과 특색	재기가 번뜩하지만 자기 과신이 지나치다.
운세	대부분 불길하다.

124　水 水 金

배우자 및 자녀	중년 후에 가정이 발전하며 자녀 복이 있다.
성품과 특색	확실한 실천가이다.
운세	미래의 확고한 계획과 노력으로 성공 발전한다.

125　水 水 水

배우자 및 자녀	가정은 흩어지고 불안과 고독만 있다.
성품과 특색	지나친 과대망상형이다.
운세	정신적인 문제가 있어 큰 것을 꿈꾸고 항상 동화 속에서 지낸다. 일생에 무엇 하나 성취되지 않고 이상의 꿈속에서 허우적거린다.

제 6 장

성씨 길격(吉格) 수리 구성 조견표

1) 2획성 한자

乃	力	卜	又	丁			
이에 내	힘 력	점 복	또 우	고무래 정			

성 자 (姓字)	명 자 (名字)	사격(四格)수리			
		원격	형격	리격	정격
2	1 · 4	5	3	6	7
	1 · 5	6	3	7	8
	1 · 14	15	3	16	17
	1 · 15	16	3	17	18
	1 · 22	23	3	24	25
	3 · 3	6	5	5	8
	3 · 13	16	5	15	18
	4 · 9	13	6	11	15
	4 · 11	15	6	13	17
	4 · 19	23	6	21	25
	5 · 6	11	7	8	13
	5 · 11	16	7	13	18
	5 · 16	21	7	18	23
	6 · 9	15	8	11	17
	6 · 15	21	8	17	23
	6 · 23	29	8	25	31
	9 · 14	23	11	16	25
	9 · 22	31	11	24	33

2) 3획성 한자

干	弓	大	凡	山	于	也	子	千
방패 간	활 궁	큰 대	무릇 범	뫼 산	어조사 우	이끼 야	아들 자	일천 천

성 자 (姓 字)	명 자 (名 字)	사격(四格)수리			
		원격	형격	리격	정격
3	2 · 3	5	5	6	8
	2 · 13	15	5	16	18
	3 · 10	13	6	13	16
	3 · 12	15	6	15	18
	3 · 18	21	6	21	24
	4 · 4	8	7	7	11
	4 · 14	18	7	17	21
	5 · 8	13	8	11	16
	5 · 10	15	8	13	18
	5 · 13	18	8	16	21
	8 · 10	18	11	13	21
	8 · 13	21	11	16	24
	8 · 21	29	11	24	32
	10 · 22	32	13	25	35
	12 · 20	32	15	23	35
	13 · 22	35	16	25	38
	14 · 15	29	17	18	32
	14 · 18	32	17	21	35

3) 4획성 한자

孔	公	介	斤	文	毛	夫	方	卜	水
구멍 공	귀인 공	중매할 개	날 근	글월 문	터럭 모	지아비 부	모 방	꼭지 변	물 수
尹	王	元	天	太	片	化			
믿을 윤	임금 왕	으뜸 원	하늘 천	클 태	조각 편	될 화			

성 자 (姓 字)	명 자 (名 字)	사격(四格)수리			
		원격	형격	리격	정격
4	1 · 2	3	5	6	7
	2 · 9	11	6	13	15
	2 · 11	13	6	15	17
	3 · 4	7	7	8	11
	3 · 14	17	7	18	21
	4 · 7	11	8	11	15
	4 · 9	13	8	13	17
	4 · 13	17	8	17	21
	4 · 17	21	8	21	25
	4 · 21	25	8	25	29
	7 · 14	21	11	18	25
	9 · 12	21	13	16	25
	9 · 20	29	13	24	33
	11 · 14	25	15	18	29
	11 · 20	31	15	24	35
	12 · 13	25	16	17	29
	12 · 17	29	16	21	33

성 자 (姓 字)	명 자 (名 字)	사격(四格)수리			
		원격	형격	리격	정격
4	12 · 19	31	16	23	35
	12 · 21	33	16	25	37
	13 · 20	313	17	24	317
	14 · 17	317	18	21	35
	14 · 19	33	18	23	37
	14 · 21	35	18	25	39
	17 · 20	37	21	24	41

4) 5획성 한자

丘	甘	白	氷	申	石	史	玉	乙支
언덕 구	달 감	흰 백	얼음 빙	납 신	돌 석	사기 사	구슬 옥	새 을/지탱할 지
永	占	田	皮	包	平	台	弘	玄
길 영	점칠 점	밭 전	가죽 피	쌀 포	평할 평	별 태	클 홍	검을 현

성 자 (姓 字)	명 자 (名 字)	사격(四格)수리			
		원격	형격	리격	정격
5	11 · 13	24	16	18	29
	1 · 12	13	6	17	18
	2 · 6	8	7	11	13
	2 · 16	18	7	21	23
	3 · 8	11	8	13	16
	3 · 10	13	8	15	18
	6 · 10	16	11	15	21
	6 · 12	18	11	17	23
	6 · 18	24	11	23	29
	8 · 8	16	13	13	21
	8 · 10	18	13	15	23
	8 · 16	24	13	21	29
	8 · 24	32	13	29	37
	12 · 12	24	17	17	29
	12 · 20	32	17	25	37

5) 6획성 한자

吉	曲	牟	米	朴	西	先	安	伊	印
길할 길	굽을 곡	클 모	쌀 미	성 박	서쪽 서	먼저 선	편안할 안	저 이	도장 인
任	全	朱							
맡을 임	온전 전	붉을 주							

성 자 (姓 字)	명 자 (名 字)	사격(四格)수리			
		원격	형격	리격	정격
6	1 · 10	11	7	16	17
	2 · 5	7	8	11	13
	2 · 9	11	8	15	17
	2 · 15	17	8	21	23
	5 · 10	15	11	16	21
	5 · 12	17	11	18	23
	5 · 18	23	11	24	29
	5 · 26	31	11	32	37
	7 · 10	17	13	16	23
	7 · 11	18	13	17	24
	7 · 18	25	13	24	31
	7 · 25	32	13	31	38
	9 · 9	18	15	15	24
	9 · 23	32	15	29	38
	9 · 26	35	15	32	41
	10 · 15	25	16	21	31
	10 · 19	29	16	25	35

성 자 (姓 字)	명 자 (名 字)	사격(四格)수리			
		원격	형격	리격	정격
6	10 · 23	33	16	29	39
	11 · 12	23	17	18	29
	11 · 18	29	17	24	35
	12 · 17	29	18	23	35
	12 · 19	31	18	25	37
	12 · 23	35	18	29	41
	15 · 17	32	21	23	38
	15 · 18	33	21	24	39
	17 · 18	35	23	24	21

6) 7획성 한자

君	杜	呂	李	甫	宋	成	辛	汝	余
임금 군	막을 두	성 려	오얏 리	클 보	나라 송	이룰 성	매울 신	너 여	남을 여
延	吳	池	車	肖	判				
맞을 연	나라 오	못 지	수레 차	같을 초	쪼갤 판				

성 자 (姓 字)	명 자 (名 字)	사격(四格)수리			
		원격	형격	리격	정격
7	1 · 10	11	8	17	18
	1 · 6	7	8	13	14
	1 · 24	25	8	31	32
	4 · 4	8	1	11	15
	4 · 14	18	11	21	25
	6 · 10	16	13	17	23
	6 · 11	17	13	18	24
	6 · 18	24	13	25	31
	8 · 8	16	15	15	23
	8 · 9	17	15	16	24
	8 · 10	18	15	17	25
	8 · 16	24	15	23	31
	8 · 17	25	15	24	32
	8 · 24	32	15	31	39
	9 · 16	25	16	23	32
	9 · 22	31	16	29	38
	10 · 14	24	17	21	31

성 자 (姓字)	명 자 (名字)	사격(四格)수리			
		원격	형격	리격	정격
7	12 · 22	32	17	29	39
	11 · 14	25	18	21	32
	14 · 17	31	21	24	38
	14 · 18	32	21	25	39
	16 · 16	32	23	23	39
	16 · 22	38	23	29	45
	17 · 24	41	24	31	48

7) 8획성 한자

金	具	奇	邱	奈	林	孟	明	門	房
성 김	갖출 구	기이할 기	언덕 구	어찌 내	수풀 림	맏 맹	밝을 명	문 문	방 방
奉	昇	承	昔	舍	尙	松	沈	邵	阿
받들 봉	오를 승	이을 승	옛 석	집 사	오히려 상	소나무 송	성 심	땅이름 소	언덕 아
夜	周	宗	昌	采	卓				
밤 야	두루 주	마루 종	창성 창	일 채	높을 탁				

성 자 (姓字)	명 자 (名字)	사격(四格)수리			
		원격	형격	리격	정격
8	3 · 5	8	11	13	16
	3 · 10	13	11	18	21
	3 · 13	16	11	21	24
	3 · 21	24	11	29	32
	5 · 8	13	13	16	21
	5 · 10	15	13	18	23
	5 · 16	21	13	24	29
	5 · 24	29	13	32	37
	7 · 8	15	15	16	23
	7 · 9	16	15	17	24
	7 · 10	17	15	18	25
	7 · 16	23	15	24	31
	7 · 17	24	15	25	32
	7 · 24	31	15	32	39
	8 · 5	13	16	13	21

성자(姓字)	명자(名字)	사격(四格)수리			
		원격	형격	리격	정격
8	3 · 9	17	16	21	25
	8 · 13	21	16	21	29
	8 · 17	25	16	25	33
	8 · 21	29	16	29	37
	9 · 15	24	17	23	32
	9 · 16	25	17	24	33
	10 · 13	23	18	21	31
	10 · 15	25	18	23	33
	10 · 21	21	18	29	39
	10 · 23	33	18	31	41
	13 · 16	29	21	24	37
	15 · 16	31	23	24	39
	16 · 17	33	24	25	41
	16 · 21	37	24	29	45

8) 9획성 한자

姜	南	段	柳	宣	星	施	兪	禹	姚
성 강	남녘 남	조각 단	버들 류	펼 선	별 성	베풀 시	인월도 유	임금 우	예쁠 요
韋	郁	俊	秋	扁	表	咸	河	胡	
다른가죽 위	문채날 욱	준걸 준	가을 추	편편할 편	겉 표	다 함	물 하	어찌 호	

성자 (姓字)	명자 (名字)	사격(四格)수리			
		원격	형격	리격	정격
9	2 · 4	6	11	13	15
	2 · 6	8	11	15	17
	2 · 14	16	11	23	25
	4 · 4	8	13	13	17
	4 · 12	16	13	21	25
	4 · 20	24	13	29	33
	6 · 9	15	15	18	24
	6 · 23	29	15	32	38
	7 · 8	15	16	17	24
	7 · 16	23	16	25	32
	7 · 22	29	16	31	38
	8 · 8	16	17	17	25
	8 · 15	23	17	24	32
	8 · 16	24	17	25	33
	9 · 14	23	18	23	32
	9 · 20	29	18	29	38

성 자 (姓 字)	명 자 (名 字)	사격(四格)수리			
		원격	형격	리격	정격
9	9 · 23	32	18	32	41
	12 · 12	24	21	21	33
	12 · 20	32	21	29	41
	14 · 15	29	23	24	38
	15 · 23	38	24	32	47
	15 · 24	39	24	33	48
	16 · 16	32	25	25	41
	16 · 22	38	25	31	47

9) 10획성 한자

高	桂	剛	唐	馬	旁	芳	班	徐	孫
높을 고	계수나무 계	굳셀 강	당나라 당	말 마	꽃다울 방	꽃다울 방	나눌 반	천천히 서	손자 손
洙	乘	袁	殷	恩	芸	邕		芮	
물가 수	오늘 승	성 원	은나라 은	은혜 은	맑을 운	말을 옹, 막힐 옹		물가 예, 성 예	
芮	曹	晋	秦	眞	倉	夏	洪	桓	候
나라 예	나라이름 조	나라 진	나라 진	참 진	창고 창	여름 하	넓을 홍	묘목 환	기후 후

성자 (姓字)	명자 (名字)	사격(四格)수리			
		원격	형격	리격	정격
10	1 · 5	6	11	15	16
	1 · 6	7	11	16	17
	1 · 7	8	11	17	18
	1 · 14	15	11	24	25
	1 · 22	23	11	32	33
	3 · 3	6	13	13	16
	3 · 5	8	13	15	18
	3 · 8	11	13	18	21
	3 · 22	25	13	32	35
	5 · 6	11	15	16	21
	5 · 8	13	15	18	23
	6 · 7	13	16	17	23
	6 · 15	21	16	25	31
	6 · 19	25	16	29	35
	6 · 23	29	16	33	39

성 자 (姓 字)	명 자 (名 字)	사격(四格)수리			
		원격	형격	리격	정격
10	7 · 8	15	17	18	25
	7 · 14	21	17	24	31
	7 · 22	29	17	32	39
	8 · 13	21	18	23	31
	8 · 15	23	18	25	33
	8 · 21	29	18	31	39
	8 · 23	31	18	33	41
	11 · 14	25	21	24	35
	13 · 22	35	23	32	45
	14 · 15	29	24	25	39
	14 · 21	25	24	31	45
	15 · 22	37	25	32	47
	15 · 23	38	25	33	48
	19 · 19	38	29	29	48

10) 11획성 한자

國	強	康	那	陶	浪	梁	連	梅	麻
나라 국	굳셀 강	편안할 강	어찌 나	질그릇 도	물결 랑	들보 량	연할 련	매화 매	삼 마
邦	彬	偰	魚	異	張	章	崔	許	扈
나라 방	빛날 빈	맑을 설	고기 어	다를 이	베풀 장	글자 장	성 최	허락할 허	뒤따를 호
海	胡								
바다 해	성 호								

성 자 (姓字)	명 자 (名字)	사격(四格)수리			
		원격	형격	리격	정격
11	2·4	6	13	15	17
	2·5	7	13	16	18
	2·22	24	13	33	35
	4·14	18	15	25	29
	4·20	24	15	31	35
	6·7	13	17	18	24
	6·12	18	17	23	29
	6·18	24	17	29	35
	7·14	21	18	25	32
	10·14	24	21	25	35
	12·12	24	23	23	35
	13·24	37	24	35	48
	20·27	47	31	38	58

11) 12획성 한자

景	琴	敦	閔	順	淳	舜	森	分	雲
볕 경	거문고 금	도타울 돈	성 민	순할 순	순박할 순	임금 순	빽빽할 삼	창고 유	구름 운
程	智	曾	弼	彭	黃				
과정 정	지혜 지	일찍 증	도울 필	성 팽	누를 황				

성 자 (姓 字)	명 자 (名 字)	사격(四格)수리			
		원격	형격	리격	정격
12	1 · 4	5	13	16	17
	1 · 5	6	13	17	18
	1 · 12	13	13	24	25
	1 · 20	21	13	32	33
	3 · 3	6	15	15	18
	3 · 20	23	15	32	35
	4 · 9	13	16	21	25
	4 · 13	17	16	25	29
	4 · 17	21	16	29	33
	4 · 19	23	16	31	35
	4 · 21	25	16	33	37
	5 · 6	11	17	18	23
	5 · 12	17	17	24	29
	5 · 20	25	17	32	37
	6 · 11	17	18	23	29
	6 · 17	23	18	29	35
	6 · 19	25	18	31	37

성 자 (姓字)	명 자 (名字)	사격(四格)수리			
		원격	형격	리격	정격
12	6·23	29	18	35	41
	9·12	21	21	24	33
	9·20	29	21	32	41
	9·26	35	21	38	47
	11·12	23	23	24	35
	12·13	25	24	25	37
	12·17	29	24	29	41
	12·21	33	24	33	45
	12·23	35	24	35	47
	13·20	33	25	32	45

12) 13획성 한자

賈	路	廉	牢	睦	萬	司空	楊	邕
값 가	길 로	청렴할 렴	우리 뢰	화목 목	일만 만	맡을 사/빌 공	버들 양	화할 옹
鄒	楚	湯						
나라 추	나라 초	끓일 탕						

성 자 (姓字)	명 자 (名字)	사격(四格)수리			
		원격	형격	리격	정격
13	2 · 3	5	15	16	18
	2 · 16	18	15	29	31
	2 · 22	24	15	35	37
	3 · 8	11	16	21	24
	3 · 22	25	16	35	38
	4 · 4	8	17	17	21
	4 · 12	16	17	25	29
	4 · 20	24	17	33	37
	5 · 20	25	18	33	38
	8 · 8	16	21	21	29
	8 · 10	18	21	23	31
	8 · 16	24	21	29	37
	8 · 24	32	21	37	45
	10 · 22	32	23	35	45
	12 · 12	24	25	25	37
	12 · 20	32	25	33	45

13) 14획성 한자

菊	箕	甄	公孫	端	連	裵	鳳	愼
국화 국	기 기	성 견	귀 공/손자 손	끝 단	이을 련	성 배	새 봉	성 신
西門	愼	溫	趙	齊	菜			
서쪽 서/문 문	삼갈 신	따뜻할 온	나라 조	가지런할 제	나물 채			

성자 (姓字)	명자 (名字)	사격(四格)수리			
		원격	형격	리격	정격
14	1 · 2	3	15	16	17
	1 · 10	11	15	24	25
	1 · 17	18	15	31	32
	1 · 23	24	15	37	38
	2 · 9	11	16	23	25
	2 · 15	17	16	29	31
	2 · 19	21	16	33	35
	2 · 21	23	16	35	37
	2 · 23	25	16	37	39
	3 · 4	7	17	18	21
	3 · 15	18	17	29	32
	3 · 18	21	17	32	35
	3 · 21	24	17	35	38
	4 · 7	11	18	21	25
	4 · 11	15	18	25	29
	4 · 17	21	18	31	35
	4 · 19	23	18	33	37

성 자 (姓 字)	명 자 (名 字)	사격(四格)수리			
		원격	형격	리격	정격
14	4 · 21	25	18	35	39
	7 · 10	17	21	24	31
	7 · 11	18	21	25	32
	7 · 17	24	21	31	38
	7 · 18	25	21	32	39
	7 · 24	31	21	38	45
	9 · 9	18	23	23	32
	9 · 15	24	23	29	38
	10 · 11	21	24	25	35
	10 · 15	25	24	29	39
	10 · 21	31	24	35	45
	10 · 23	33	24	37	47
	15 · 18	33	29	32	47

14) 15획성 한자

郭	葛	慶	魯	董	劉	墨	萬	葉	漢
성 곽	칡 갈	경사 경	나라 노	동독할 동	모금도 류	먹물 묵	일만 만	잎사귀 엽	한수 한

성자 (姓字)	명자 (名字)	사격(四格)수리			
		원격	형격	리격	정격
15	1・2	3	16	17	18
	1・16	17	16	31	32
	1・22	23	16	37	38
	2・6	8	17	21	23
	2・14	16	17	29	31
	2・16	18	17	31	33
	2・22	24	17	37	39
	3・14	17	18	29	32
	3・20	23	18	35	38
	6・10	16	21	25	31
	6・17	23	21	32	38
	6・18	24	21	33	39
	8・8	16	23	23	31
	8・9	17	23	24	32
	8・10	18	23	25	33
	8・16	24	23	31	39
	9・14	23	24	29	38
	9・23	32	24	38	47

성 자 (姓 字)	명 자 (名 字)	사격(四格)수리			
		원격	형격	리격	정격
15	10 · 14	24	25	29	39
	10 · 22	32	25	37	47
	10 · 23	33	25	38	48
	14 · 18	32	29	33	47
	14 · 23	37	29	38	52
	16 · 16	32	31	31	47
	16 · 17	33	31	32	48
	17 · 20	37	32	35	52

15) 16획성 한자

賴	盧	道	陸	潘	陰	龍	燕	廉	錢
힘입을 뢰	성로 노	길 도	뭍 륙	성씨 반	음지 음	용 용	제비 연	청렴할 염	돈 전
諸	皇甫								
모을 제	임금 황/클 보								

성 자 (姓 字)	명 자 (名 字)	사격(四格)수리			
		원격	형격	리격	정격
16	1 · 7	8	17	23	24
	1 · 15	16	17	31	32
	1 · 16	17	17	32	33
	1 · 22	23	17	38	39
	2 · 5	7	18	21	23
	2 · 13	15	18	29	31
	2 · 15	17	18	31	33
	2 · 19	21	18	35	37
	2 · 21	23	18	37	39
	2 · 23	25	18	39	41
	5 · 8	13	21	24	29
	5 · 16	21	21	32	37
	7 · 8	15	23	24	31
	7 · 9	16	23	25	32
	7 · 16	23	23	32	39
	7 · 22	29	23	38	45
	8 · 9	17	24	25	33
	8 · 13	21	24	29	37

성 자 (姓 字)	명 자 (名 字)	사격(四格)수리			
		원격	형격	리격	정격
16	8 · 15	23	24	31	39
	8 · 17	25	24	33	41
	8 · 21	29	24	37	45
	9 · 16	25	25	32	41
	9 · 22	31	25	38	47
	9 · 23	32	25	39	48
	13 · 16	29	29	32	45
	13 · 19	32	29	35	48
	15 · 16	31	31	32	47
	15 · 17	32	31	33	48
	19 · 22	41	35	38	57

16) 17획성 한자

鞠	謝	應	鍾	蔣	蔡	韓			
기를 국	사례할 사	응할 응	술잔 종	성씨 장	나라 채	한나라 한			

성 자 (姓 字)	명 자 (名 字)	사격(四格)수리			
		원격	형격	리격	정격
17	1 · 6	7	18	23	24
	1 · 14	15	18	31	32
	1 · 15	16	18	32	33
	1 · 20	21	18	37	38
	4 · 4	8	21	21	25
	4 · 12	16	21	29	33
	4 · 14	18	21	31	35
	4 · 20	24	21	37	41
	6 · 12	18	23	29	35
	6 · 15	21	23	32	38
	6 · 18	24	23	35	41
	7 · 8	15	24	25	32
	7 · 14	21	24	31	38
	7 · 24	31	24	41	48
	8 · 8	16	25	25	33
	8 · 16	24	25	33	41
	12 · 12	24	29	29	41
	14 · 21	35	31	38	52
	15 · 16	31	32	33	48
	15 · 20	35	32	37	52

17) 18획성 한자

簡	顔	魏					
편지 간	얼굴 안	나라 위					

성 자 (姓字)	명 자 (名字)	사격(四格)수리			
		원격	형격	리격	정격
18	3 · 3	6	21	21	24
	3 · 14	17	21	32	35
	3 · 20	23	21	38	41
	5 · 6	11	23	24	29
	6 · 7	13	24	25	31
	6 · 11	17	24	29	35
	6 · 15	21	24	33	39
	6 · 17	23	24	35	41
	7 · 14	21	25	32	39
	14 · 15	29	32	33	47

18) 19획성 한자

南宮	龐	薛	鄭				
남녘 남/집 궁	어수선할 방	나라 설	정나라 정				

성 자 (姓字)	명 자 (名字)	사격(四格)수리			
		원격	형격	리격	정격
19	2·4	6	21	23	25
	2·14	16	21	33	35
	2·16	18	21	35	37
	4·12	16	23	31	35
	4·14	18	23	33	37
	6·10	16	25	29	35
	6·12	18	25	31	37
	10·19	29	29	38	48
	13·16	29	32	35	48
	13·20	33	32	39	52
	14·19	33	33	38	52
	16·22	38	35	41	57
	19·20	39	38	39	58

19) 20획성 한자

羅	釋	鮮于	嚴	鐘				
벌일 라	놓을 석	생선 선/어조사 우	엄할 엄	쇠북 종				

성 자 (姓字)	명 자 (名字)	사격(四格)수리			
		원격	형격	리격	정격
20	1 · 4	5	21	24	25
	1 · 12	13	21	32	33
	1 · 17	18	21	37	38
	3 · 12	15	23	32	35
	3 · 15	18	23	35	38
	3 · 18	21	23	38	41
	4 · 9	13	24	29	33
	4 · 11	15	24	31	35
	4 · 13	17	24	33	37
	4 · 17	21	24	37	41
	4 · 21	25	24	41	45
	5 · 12	17	25	32	37
	5 · 13	18	25	33	38
	9 · 9	18	29	29	38
	9 · 12	21	29	32	41
	12 · 13	25	32	33	45
	13 · 19	32	33	39	52
	15 · 17	32	35	37	52

20) 21획성 한자

顧 돌아볼 고								

성 자 (姓字)	명 자 (名字)	사격(四格)수리			
		원격	형격	리격	정격
21	2 · 11	13	23	33	35
	2 · 14	16	23	35	37
	2 · 16	18	23	37	39
	3 · 8	11	24	29	32
	3 · 14	17	24	35	38
	4 · 4	8	25	25	29
	4 · 12	16	25	33	37
	4 · 14	18	25	35	39
	8 · 8	16	29	29	37
	8 · 10	18	29	31	39
	8 · 16	24	29	37	45
	10 · 14	24	31	35	45
	11 · 20	31	32	41	52
	12 · 12	24	33	33	45
	14 · 17	31	35	38	52
	17 · 20	37	38	41	58

21) 22획성 한자

權	邊	蘇	隱				
권세 권	가 변	깨어날 소	숨을 은				

성 자 (姓字)	명 자 (名字)	사격(四格)수리			
		원격	형격	리격	정격
22	1·10	11	23	32	33
	1·15	16	23	37	38
	1·16	17	23	38	39
	2·9	11	24	31	33
	2·11	13	24	33	35
	2·13	15	24	35	37
	2·21	23	24	43	45
	3·10	13	25	32	35
	3·13	16	25	35	38
	7·9	16	29	31	38
	7·10	17	29	32	39
	7·16	23	29	38	45
	9·16	25	31	38	47
	10·13	23	32	35	45
	10·15	25	32	37	47
	16·19	35	38	41	57

22) 24획성 한자

獨孤 홀로 독/홀로 고							

성 자 (姓字)	명 자 (名字)	사격(四格)수리			
		원격	형격	리격	정격
24	1 · 7	8	25	31	32
	1 · 14	15	25	38	39
	5 · 8	13	29	32	37
	7 · 8	15	31	32	39
	7 · 14	21	31	38	45
	7 · 17	24	31	41	48
	8 · 5	13	32	29	37
	8 · 9	17	32	33	41
	8 · 13	21	32	37	45
	8 · 15	23	32	39	47
	9 · 14	23	33	38	47
	9 · 15	24	33	39	48
	11 · 13	24	35	37	48

23) 29획성 한자

諸葛 모두 제/칡 갈							

성 자 (姓字)	명 자 (名字)	사격(四格)수리			
		원격	형격	리격	정격
29	2 · 4	6	31	33	35
	2 · 6	8	31	35	37
	2 · 16	18	31	45	47
	4 · 4	8	33	33	37
	4 · 12	16	33	41	45
	4 · 19	23	33	48	52
	6 · 10	16	35	39	45
	6 · 12	18	35	41	47
	8 · 8	16	37	37	45
	10 · 8	18	39	37	47
	10 · 19	29	39	48	58
	16 · 16	32	45	45	61

제 7 장

인명용 한자의 획수·음훈별 오행분류표

| 인명용 한자의 획수·음훈별 오행분류표 |

1획

土	乙(새 을)	一(한 일)

2획

火	乃(이에 내)	力(힘 력)	
土	力(힘 역) 二(두 이)	乂(다스릴 예) 人(사람 인)	又(또 우) 入(들 입)
金	丁(장정 정)		

3획

木	工(장인 공) 己(자기 기)	口(입 구)	久(오랠 구)
火	女(계집 녀)	大(큰 대)	土(흙 토)
土	也(어조사 야) 已(그칠 이) 丸(둥글 환)	兀(우뚝할 올) 廿(스물 입)	于(갈 우) 下(아래 하)
金	士(선비 사) 上(윗 상) 子(아들 자) 叉(깍지 차) 寸(마디 촌)	山(뫼 산) 夕(저녁 석) 勺(구기 작) 千(일천 천)	三(석 삼) 小(작을 소) 丈(어른 장) 川(내 천)
水	万(일만 만)	凡(무릇 범)	

	4획		
木	介(끼일 개) 勻(적을 균) 夬(터놓을 쾌)	公(귀 공) 今(이제 금)	孔(구멍 공) 及(미칠 급)
火	內(안 내) 屯(모일 둔)	丹(붉은 단) 丹(붉을 란)	斗(말 두) 太(클 태)
土	牙(어금니 아) 刈(풀벨 예) 夭(어여쁠 요) 友(벗 우) 元(으뜸 원) 尹(성실할 윤) 日(날 일) 兮(어조사 혜) 化(될 화) 爻(효 효)	円(원 엔) 午(낮 오) 冗(여가 용) 云(이를 운) 月(달 월) 允(마땅할 윤) 壬(북방 임) 互(서로 호) 火(불 화)	予(줄 여) 曰(가로 왈) 尤(더욱 우) 亐(땅이름 울) 仁(어질 인) 引(인도할 인) 亢(목 항) 戶(지게 호) 幻(변할 환)
金	少(적을 소) 升(되 승) 氏(성 씨) 中(가운데 중) 尺(자 척)	水(물 수) 心(마음 심) 才(재주 재) 之(갈 지) 天(하늘 천)	手(손 수) 什(열사람 십) 井(우물 정) 支(지탱할 지) 夬(괘이름 쾌)
水	木(나무 목) 方(모 방) 分(나눌 분) 片(조각 편)	文(글월 문) 夫(지아비 부) 比(견줄 비) 匹(짝 필)	勿(말 물) 父(아비 부) 巴(땅이름 파)

5획

木	加(더할 가) 甘(달 감) 巨(클 거) 功(공 공) 巧(교묘할 교) 句(구절 구)	可(옳을 가) 甲(갑옷 갑) 叩(두드릴 고) 瓜(오이 과) 句(글귀 귀)	刊(책펴낼 간) 去(갈 거) 古(옛 고) 広(넓을 광) 丘(언덕 구)
火	尼(여승 니) 仝(한가지 동) 立(설 립)	旦(아침 단) 冬(겨울 동) 他(다를 타)	代(대신 대) 令(하여금 령) 台(별 태)
土	央(가운데 앙) 五(다섯 오) 王(임금 왕) 右(오른쪽 우) 以(써 이) 穴(구멍 혈) 弘(넓을 홍)	永(길 영) 玉(구슬 옥) 外(바깥 외) 幼(어릴 유) 立(설 입) 兄(맏 형) 禾(벼 화)	令(하여금 영) 瓦(기와 와) 用(쓸 용) 由(행할 유) 玄(검을 현) 乎(온 호)
金	史(역사 사) 乍(잠깐 사) 仙(신선 선) 丞(받을 승) 市(저자 시) 仗(의지할 장) 左(왼 좌) 札(편지 찰) 仟(천사람 천)	司(맡을 사) 生(날 생) 世(세상 세) 示(보일 시) 申(펼 신) 田(밭 전) 主(주인 주) 册(책 책) 出(날 출)	仕(벼슬할 사) 石(돌 석) 召(부를 소) 矢(살 시) 仔(자세할 자) 正(바를 정) 只(다만 지) 斥(가리킬 척) 充(가득할 충)

5획

水
- 皿(그릇 명)
- 卯(토끼 묘)
- 白(흰 백)
- 付(부탁 부)
- 布(배 포)
- 母(어머니 모)
- 戊(천간 무)
- 丙(남쪽 병)
- 丕(클 비)
- 必(반드시 필)
- 目(눈 목)
- 民(백성 민)
- 本(근본 본)
- 平(평탄할 평)

6획

木
- 各(각각 각)
- 件(조건 건)
- 匡(바를 광)
- 圭(홀 규)
- 企(바랄 기)
- 圿(땅이름 갈)
- 攷(상고할 고)
- 光(빛 광)
- 劤(강할 근)
- 伎(재주 기)
- 价(착할 개)
- 共(한가지 공)
- 交(사귈 교)
- 伋(인명 급)
- 吉(길할 길)

火
- 年(해 년)
- 同(한가지 동)
- 六(여섯 륙)
- 多(많을 다)
- 礼(예도 례)
- 吏(이전 리)
- 乭(돌 돌)
- 老(늙을 로)
- 宅(집 택)

土
- 安(편안 안)
- 如(같을 여)
- 劣(용렬할 열)
- 宇(집 우)
- 六(여섯 육)
- 衣(옷 의)
- 弛(놓을 이)
- 因(인할 인)
- 伉(굳셀 항)
- 仰(우러러볼 앙)
- 亦(또 역)
- 伍(다섯 오)
- 旭(빛날 욱)
- 聿(붓 율)
- 伊(오직 이)
- 吏(아전 이)
- 任(맡길 임)
- 行(항렬 항)
- 羊(양 양)
- 列(벌일 열)
- 羽(깃 우)
- 有(있을 유)
- 圪(우뚝할 을)
- 而(같을 이)
- 印(도장 인)
- 合(합할 합)
- 亥(돼지 해)

6획			
土	行(다닐 행) 刑(형별 형) 后(임금 후)	向(향할 향) 好(좋을 호) 休(쉴 휴)	血(피 혈) 回(돌아올 회) 屹(산우뚝할 흘)
金	糸(가는실 사) 西(서쪽 서) 收(모을 수) 夙(일찍 숙) 丞(도울 승) 字(글자 자) 匠(장인 장) 全(온전 전) 兆(조짐 조) 州(고을 주) 仲(버금 중) 至(이를 지)	寺(절 사) 先(먼저 선) 守(지킬 수) 旬(열흘 순) 式(법 식) 自(스스로 자) 再(두 재) 汀(물가 정) 存(보존할 존) 舟(배 주) 地(땅 지) 次(차례 차)	色(빛 색) 舌(혀 설) 戍(지킬 수) 戌(개 술) 臣(신하 신) 壯(씩씩할 장) 在(있을 재) 早(일찍 조) 朱(붉을 주) 竹(대 죽) 旨(맛있을 지) 艹(풀 초)
水	名(이름 명) 朴(진실할 박) 帆(돛 범) 份(빛날 빈)	牟(클 모) 百(일백 백) 幷(어우를 병) 牝(암컷 빈)	米(쌀 미) 汎(넘칠 범) 妃(왕비 비)

7획			
木	杆(줄기 간) 江(강 강) 更(다시 갱, 고칠 경)	玕(옥돌 간) 杠(외나무다리 강)	匣(작은상자 갑) 改(고칠 개) 車(수레 거)

7획

木	見(볼 견)	囧(빛날 경)	戒(경계 계)
	系(계통 계)	告(고할 고)	谷(굴 곡)
	串(익힐 관)	求(구할 구)	究(다할 구)
	局(판 국)	君(임금 군)	均(고를 균)
	克(이길 극)	妗(외숙모 금)	妓(기생 기)
	岐(높을 기)	杞(산버들 기)	圻(언덕 기)
火	男(사내 남)	努(힘쓸 노)	但(다만 단)
	旲(햇빛 대)	禿(대머리 독)	彤(붉을 동)
	杜(막을 두)	豆(콩 두)	卵(알 란)
	冷(찰 랭)	良(착할 량)	呂(풍류 려)
	伶(영리할 령)	利(길할 리)	里(마을 리)
	李(오얏 리)	吝(아낄 린)	妥(타협할 타)
	托(의지할 탁)	兌(기쁠 태)	
土	児(아이 아)	亜(버금 아)	我(나 아)
	冶(불릴 야)	良(착할 양)	言(말씀 언)
	余(나 여)	汝(너 여)	妤(궁녀 여)
	呂(풍류 여)	役(부릴 역)	延(끌 연)
	伶(영리할 영)	吾(나 오)	吳(오나라 오)
	完(완전할 완)	妧(아리따울 완)	妖(아리따울 요)
	勇(길 용)	扜(당길 우)	佑(도울 우)
	旴(해돋을 우)	夽(높을 운)	位(위치 위)
	攸(다스릴 유)	酉(닭 유)	听(웃을 은)
	垠(지경 은)	邑(고을 읍)	矣(어조사 의)
	李(오얏 이)	利(길할 이)	杝(나무이름 이)
	里(마을 이)	忍(가득할 인)	忍(참을 인)
	佚(편안할 일)	何(어찌 하)	旱(가물 한)

7획

土	罕(드물 한)	杏(은행나무 행)	見(나타날 현)
	夾(부축할 협)	形(모양 형)	亨(형통할 형)
	孝(효도 효)		
金	似(같을 사)	私(사사로운 사)	伺(엿볼 사)
	杉(삼나무 삼)	床(평상 상)	序(차례 서)
	汐(썰물 석)	成(이룰 성)	忕(익숙할 세)
	邵(읍이름 소)	宋(송나라 송)	秀(빼어날 수)
	巡(순행할 순)	辰(날 신)	辛(매울 신)
	身(몸 신)	伸(펼 신)	孜(힘쓸 자)
	作(지을 작)	岑(봉우리 잠)	壯(장할 장)
	材(재목 재)	低(낮을 저)	佇(오랠 저)
	赤(붉을 적)	甸(경기 전)	佃(밭갈 전)
	町(밭두둑 정)	呈(보일 정)	玎(옥소리 정)
	廷(조정 정)	姃(엄전할 정)	侹(황급할 정)
	弟(아우 제)	助(도울 조)	佐(도울 좌)
	坐(앉을 좌)	走(달릴 주)	住(머무를 주)
	卽(곧 즉)	志(뜻 지)	池(못 지)
	址(터 지)	辰(별 진)	車(수레 차)
	初(처음 초)	村(마을 촌)	忖(헤아릴 촌)
	七(일곱 칠)		
水	每(매양 매)	免(면할 면)	牡(수컷 모)
	妙(묘할 묘)	尾(꼬리 미)	伴(짝 반)
	妨(놓을 방)	伯(맏 백)	汎(뜰 범)
	机(나무이름 범)	采(분별할 변)	別(나눌 별)
	兵(군사 병)	步(걸을 보)	甫(클 보)
	孚(기를 부)	佛(부처 불)	判(판단할 판)

7획

| 水 | 杓(자루 표) | 佖(점잖을 필) |

8획

木		
佳(아름다울 가)	刻(새길 각)	侃(강직할 간)
羌(종족이름 강)	居(살 거)	杰(준걸 걸)
決(결단할 결)	庚(나이 경)	坰(들 경)
冏(빛날 경)	京(서울 경)	季(끝 계)
杲(밝을 고)	固(굳을 고)	考(상고할 고)
坤(땅 곤)	昆(맏 곤)	供(베풀 공)
佼(예쁠 교)	果(열매 과)	官(벼슬 관)
炛(뜨거울 광, 빛 광)		侊(클 광)
旷(빛날 광)	具(갖출 구)	玖(옥돌 구)
國(나라 국)	券(문서 권)	扱(미칠 급)
糾(끌어모을 규)	昑(밝을 금)	奇(기이할 기)
汲(길을 급)	其(그 기)	祁(성할 기)
汽(물 기)	沂(물이름 기)	金(성 김)
技(재주 기)	佶(바를 길)	快(쾌할 쾌)

火		
季(끝 계)	奈(어찌 나, 내)	枏(녹나무 남)
秊(해 년)	念(생각할 념)	弩(쇠뇌 노)
沓(유창할 답)	岱(대산 대)	坮(대 대)
旽(밝을 돈)	來(돌아올 래)	兩(두 량)
洌(찰 렬)	囹(진나라옥 령)	

8획

土	亞(버금 아)	兒(아이 아)	妸(고울 아)
	岳(큰산 악)	岸(언덕 안)	岩(바위 암)
	昂(밝을 앙)	艾(쑥 애)	厓(언덕 애)
	扼(누를 액)	夜(밤 야)	佯(거짓 양)
	兩(둘 양)	於(어조사 어)	奄(가릴 엄)
	易(바꿀 역)	沇(물 흐를 연)	例(법식 예)
	姈(계집슬기로울 영)		旿(대낮 오)
	沃(기름질 옥)	臥(누울 와)	往(갈 왕)
	枉(굽을 왕)	汪(넓을 왕)	旺(성할 왕)
	雨(비 우)	玗(옥돌 우)	沄(끓을 운)
	沅(물이름 원)	杬(나무이름 원)	朊(달빛 원)
	委(맡을 위)	侑(권할 유)	昀(햇빛 윤)
	侖(둥글 윤)	汩(흐를 율)	宜(옳을 의)
	依(의지할 의)	林(수풀 임)	学(배울 학)
	沆(흐를 항)	幸(다행 행)	協(화합할 협)
	虎(범 호)	呼(부를 호)	岵(산 호)
	昊(하늘 호)	弧(활 호)	和(화목할 화)
	効(본받을 효)	欣(기쁠 흔)	昕(해돋을 흔)
金	社(단체 사)	沙(모래 사)	使(부릴 사)
	事(일 사)	尙(숭상할 상)	牀(평상 상)
	狀(형상 상)	抒(당길 서)	昔(옛 석)
	析(쪼갤 석)	姓(성씨 성)	所(바 소)
	松(소나무 송)	垂(드리울 수)	受(받을 수)
	叔(아재비 숙)	承(이을 승)	昇(오를 승)
	侍(모실 시)	始(처음 시)	伸(걷는모양 신)
	実(열매 실)	沁(스며들 심)	沈(성씨 심)

8획

金	秄(북돋을 자)	姊(손위누이 자)	姉(손위누이 자)
	長(길 장)	狀(문서 장)	姐(누이 저)
	的(과녁 적)	典(법 전)	佺(신선이름 전)
	店(가게 점)	坫(땅이름 점)	姃(단정할 정)
	征(갈 정)	政(정사 정)	定(정할 정)
	制(지을 제)	宗(마루 종)	周(두루 주)
	姝(예쁠 주)	宙(집 주)	枝(가지 지)
	沚(물가 지)	知(알 지)	泜(붙을 지)
	直(곧을 직)	枃(바디 진)	侄(어리석을 질)
	帙(책 질)	昌(창성할 창)	采(캘 채)
	妻(아내 처)	靑(푸를 청)	忠(충성 충)
	沖(화할 충)	取(취할 취)	沈(잠길 침)
水	妹(손아래누이 매)	枚(줄기 매)	孟(맏 맹)
	氓(백성 맹)	命(목숨 명)	明(밝을 명)
	牧(기를 목)	武(굳셀 무)	汶(내이름 문)
	門(문 문)	物(물건 물)	味(맛 미)
	忞(힘쓸 민)	岷(봉우리 민)	旻(하늘 민)
	旼(화할 민)	放(내칠 방)	枋(다목 방)
	房(방 방)	伯(맏 백)	帛(비단 백)
	泛(뜰 범)	幷(어우를 병)	秉(잡을 병)
	宝(보배 보)	服(옷 복)	宓(편안할 복)
	艴(땅이름 볼)	奉(받들 봉)	阜(언덕 부)
	咐(분부할 부)	扶(도울 부)	府(마을 부)
	盼(햇빛 분)	扮(꾸밀 분)	炃(불사를 분)
	汾(물이름 분)	佛(부처 불)	朋(벗 붕)
	批(깎을 비)	枇(비파나무 비)	坡(언덕 파)

8획

水	把(잡을 파)	板(널빤지 판)	版(조각 판)
	坪(벌판 평)	彼(저 피)	

9획

木	肝(간 간)	看(볼 간)	柑(감자나무 감)
	姜(강할 강)	舡(배 강)	皆(다 개)
	疥(옴 개)	玠(큰홀 개)	客(손 객)
	建(세울 건)	俓(곧을 경)	涇(찰 경)
	契(계약할 계)	癸(열째천간 계)	計(셈 계)
	係(이을 계)	界(지경 계)	故(옛 고)
	沽(팔 고)	科(과정 과)	冠(갓 관)
	枸(구연 구)	拘(잡을 구)	軍(군사 군)
	芎(천궁 궁)	軌(굴대 궤)	奎(별 규)
	赳(용맹스러울 규)	畇(따비 균)	尅(이길 극)
	契(부족이름 글)	衿(옷깃 금)	矜(자랑할 긍)
	祈(빌 기)	紀(기록할 기)	祇(다만 기)
	姞(삼갈 길)		

火	奈(능금나무 나)	拏(잡을 나)	南(남쪽 남)
	耐(참을 내)	拈(집어들 념)	柅(무성할 니)
	段(층 단)	彖(판단할 단)	畓(논 답)
	待(기다릴 대)	度(법 도)	突(우뚝할 돌)
	剆(칠 라)	亮(밝을 량)	侶(벗할 려)
	昤(날빛 령)	怜(영리할 령)	泠(맑을 령)
	柳(버들 류)	律(법 률)	厘(다스릴 리)
	俐(똑똑할 리)	俚(속될 리)	映(비칠 령)

9획

火	度(헤아릴 탁)	泰(클 태)	坨(언덕 택)
	怏(원망할 앙)	約(검소할 약)	亮(밝을 양)
	昜(볕 양)	彦(착한선비 언)	侶(벗할 여)
	衍(넓을 연)	兗(땅이름 연)	姸(총명할 연)
	咽(목멜 열)	染(물들일 염)	栄(영화 영)
	映(비칠 영)	昤(날빛 영)	盈(찰 영)
	泳(헤엄칠 영)	俉(맞이할 오)	屋(집 옥)
	昷(어질 온)	玩(희롱할 완)	娃(예쁠 왜)
	要(구할 요)	姚(예쁠 요)	甬(용맹할 용)
	紆(굽을 우)	芋(토란 우)	禹(펼 우)
	昱(밝을 욱)	垣(담 원)	爰(이에 원)
	威(위엄 위)	韋(화할 위)	俞(그럴 유)
	囿(동산 유)	油(기름 유)	宥(너그러울 유)
土	柳(버들 유)	柔(부드러울 유)	幽(숨을 유)
	柚(유자나무 유)	臾(잠깐 유)	律(법 율)
	玧(귀막이구슬 윤)	垠(언덕 은)	音(소리 음)
	怡(기쁠 이)	俚(속될 이)	姨(이모 이)
	咽(목구멍 인)	姻(혼인할 인)	姙(아이밸 임)
	河(물 하)	昰(여름 하)	咸(다 함)
	孩(어린아이 해)	垓(지경 해)	咳(포괄할 해)
	香(향기 향)	奕(클 혁)	革(가죽 혁)
	侐(고요할 혁)	泫(물깊을 현)	炫(밝을 현)
	怰(팔 현)	俔(염탐할 현)	眩(햇빛 현)
	頁(머리 혈)	冾(화할 협)	俠(곁 협)
	泂(멀 형)	型(본보기 형)	炯(빛날 형)
	泓(깊을 홍)	哄(노랫소리 홍)	虹(무지개 홍)

9획

土	紅(붉을 홍)	紈(맺을 환)	宦(벼슬 환)
	奐(클 환)	況(비유할 황)	皇(임금 황)
	後(뒤 후)	候(과녁 후)	厚(땅이름 후)
	紇(다발지을 흘)	姬(계집 희)	
金	俟(기다릴 사)	砂(모래 사)	泗(물이름 사)
	思(생각 사)	査(조사할 사)	衫(적삼 사)
	峠(고개 상)	相(서로 상)	庠(학교 상)
	牲(희생 생)	省(덜 생)	胥(서로 서)
	叙(차례 서)	宣(베풀 선)	偰(사람이름 설)
	星(별 성)	省(살필 성)	性(성품 성)
	柖(나무흔들릴 소)	沼(못 소)	炤(밝을 소)
	昭(소명할 소)	俗(풍속 속)	帥(통솔자 솔)
	首(머리 수)	狩(사냥 수)	帥(장수 수)
	盾(방패 순)	徇(호령할 순)	柿(감나무 시)
	是(바를 시)	施(베풀 시)	柴(섶 시)
	食(밥 식)	信(믿을 신)	室(방 실)
	甚(심할 심)	姿(맵시 자)	咨(탄식할 자)
	昨(어제 작)	芍(함박꽃 작)	哉(비로소 재)
	抵(밀칠 저)	狙(교활할 저)	畑(심을 전)
	前(앞 전)	点(점 점)	訂(고칠 정)
	貞(곧을 정)	柾(나무바를 정)	侹(긴모양 정)
	妊(빛날 정)	酊(술취할 정)	亭(정자 정)
	帝(제왕 제)	柊(나무 조)	柱(기둥 주)
	注(물댈 주)	炷(심지 주)	拄(아뢸 주)
	姝(예쁠 주)	拄(버틸 주)	紂(끈 주)
	俊(준걸 준)	重(무거울 중)	卽(곧 즉)

9획

金	咫(길이 지) 晊(밝을 진) 侘(뽐낼 차) 泉(샘 천) 秒(미묘할 초) 秋(가을 추) 峙(쌓을 치)	祉(복 지) 珍(보배 진) 昶(밝을 창) 沾(더할 첨) 招(부를 초) 春(봄 춘) 則(법칙 칙)	挋(되돌릴 진) 侄(조카 질) 柵(작은성 책) 肖(닮을 초) 促(재촉할 촉) 治(다스릴 치)
水	抹(바를 말) 勉(힘쓸 면) 冒(무릅쓸 모) 敃(강할 민) 泯(멸할 민) 盼(눈예쁠 반) 柏(측백나무 백) 炳(빛날 병) 昺(밝을 병) 赴(다다를 부) 毘(도울 비) 泌(샘물흐르는모양 비) 玭(구슬이름 빈) 扁(작을 편) 表(겉 표) 披(나눌 피)	沫(거품 말) 面(얼굴 면) 美(아름다울 미) 玟(옥돌 민) 拍(손뼉칠 박) 柭(뽑을 발) 便(문득 변) 柄(자루 병) 俌(도울 보) 盆(동이 분) 沸(끓을 비) 波(물결 파) 枰(바둑판 평) 品(품수 품)	昧(새벽 매) 某(아무 모) 眉(눈썹 미) 砇(옥돌 민) 泮(학교 반) 拜(절 배) 法(법 법) 昞(밝을 병) 保(도울 보) 拂(도울 불) 毗(도울 비) 飛(날 비) 便(편리할 편) 泙(물소리 평) 風(바람 풍)

10획

木	哿(옳을 가)	珂(옥이름 가)	家(집 가)
	珏(쌍옥 각)	恪(정성 각)	剛(굳셀 강)
	個(낱 개)	豈(어찌 개)	虔(정성 건)
	桀(뛰어날 걸)	格(격식 격)	兼(겸할 겸)
	倞(굳셀 경)	勍(강할 경)	耕(밭갈 경)
	耿(빛날 경)	徑(지름길 경)	桂(계수나무 계)
	烓(화덕 계)	股(넓적다리 고)	高(높을 고)
	拷(빼앗을 고)	庫(창고 고)	恭(공손할 공)
	桄(베틀 광)	校(학교 교)	俱(갖출 구)
	矩(곡천 구)	珣(옥돌 구)	躬(몸 궁)
	宮(집 궁)	倦(게으를 권)	拳(주먹 권)
	芹(미나리 근)	根(뿌리 근)	衾(도포 금)
	芩(풀이름 금)	級(등급 급)	肯(긍정할 긍)
	氣(기후 기)	耆(늙은이 기)	豈(어찌 기)
	起(일어날 기)	記(적을 기)	桔(도라지 길)
火	娜(아름다울 나)	拿(붙잡을 나)	拏(잡을 나)
	納(바칠 납)	恬(편안할 념)	紐(끈 뉴)
	倓(고요할 담)	唐(당나라 당)	玳(대모 대)
	挑(뛸 도)	倒(넘어질 도)	桃(복숭아 도)
	島(섬 도)	洞(고을 동)	烔(더울 동)
	桐(오동나무 동)	芚(채소이름 둔)	洛(강이름 락)
	烙(지질 락)	娘(소녀 랑)	凉(서늘할 량)
	倆(재주 량)	旅(나그네 려)	洌(맑을 렬)
	烈(빛날 렬)	玲(정교할 령)	料(헤아릴 료)
	竜(용 룡)	留(머무를 류)	倫(인륜 륜)
	栗(밤 률)	凌(능가할 릉)	砬(돌소리 립)

10획			
火	託(부탁할 탁) 討(칠 토)	倬(환할 탁) 特(특별할 특)	耽(즐길 탐)
土	峨(산높을 아) 峩(높을 아) 案(안석 안) 凉(서늘할 양) 旅(나그네 여) 烟(연기 연) 烈(빛날 열) 珱(옥돌 예) 翁(늙은이 옹) 倭(왜국 왜) 容(얼굴 용) 彧(빛날 욱) 員(둥글 원) 洧(물이름 유) 殷(많을 은) 益(더할 익) 芿(새풀싹 잉) 恒(항상 항) 軒(추녀 헌) 惠(은혜 혜) 洪(넓을 홍) 桓(묘목 환) 晄(빛날 황) 效(본받을 효)	芽(싹 아) 哦(노래할 아) 晏(맑은 안) 倆(재주 양) 姢(빛날 연) 宴(잔치 연) 玲(정교할 영) 倪(어린이 예) 邕(화목할 옹) 窈(그윽할 요) 迂(굽을 우) 栯(산앵두 욱) 袁(옷길 원) 倫(인륜 윤) 恩(은혜 은) 芢(씨 인) 夏(여름 하) 核(씨 핵) 峴(고개 현) 祜(복 호) 烘(화롯불 홍) 活(활발할 활) 恍(황홀할 황) 候(기후 후)	娥(어여쁠 아) 按(누를 안) 秧(모심을 앙) 洋(큰바다 양) 娟(고울 연) 洌(맑을 열) 芮(물가 예) 娛(즐거울 오) 垸(바를 완) 料(헤아릴 요) 祐(도울 우) 原(근본 원) 洹(흐를 원) 栗(밤 율) 倚(기댈 의) 恁(생각할 임) 桁(도리 항) 倖(요행 행) 玹(옥돌 현) 芦(지황 호) 花(꽃 화) 晃(빛날 황) 恢(넓을 회) 訓(가르칠 훈)

10획

土	烋(아름다울 휴)	恤(구휼할 휼)	洽(화할 흡)
	恰(흡족할 흡)		

金	師(스승 사)	珊(산호 산)	徐(천천히 서)
	栖(깃들일 서)	書(쓸 서)	席(자리 석)
	祏(섬 석)	扇(부채 선)	閃(번쩍일 섬)
	宬(서고 성)	城(성 성)	娍(아름다울 성)
	洗(씻을 세)	洒(물뿌릴 세)	玿(아름다울 소)
	宵(야간 소)	笑(웃음 소)	素(질박할 소)
	孫(손자 손)	修(닦을 수)	洙(물가 수)
	殊(죽을 수)	殉(구할 순)	栒(나무이름 순)
	洵(믿을 순)	純(순수할 순)	恂(정성 순)
	拾(주울 습)	乘(탈 승)	恃(믿을 시)
	時(때 시)	栻(점통 식)	迅(빠를 신)
	拾(열 십)	十(열 십)	玆(거듭 자)
	者(놈 자)	恣(방자할 자)	奘(클 장)
	栽(심을 재)	財(재물 재)	宰(주관할 재)
	栓(나무못 전)	展(열 전)	庭(뜰 정)
	釘(못 정)	租(구실 조)	祚(복 조)
	晁(아침 조)	祖(할아비 조)	曹(마을 조)
	倧(신인 종)	座(자리 좌)	株(그루 주)
	洲(섬 주)	准(견줄 준)	峻(높을 준)
	隼(새매 준)	拯(건질 증)	症(병세 증)
	祗(공경할 지)	持(섬 지)	指(손가락 지)
	持(잡을 지)	紙(종이 지)	肢(사지 지)
	眞(참 진)	晉(나아갈 진)	畛(경계 진)
	津(나루 진)		晉(아름다울 진)

10획

金	眞(참 진)	秩(차례 질)	差(어긋날 차)
	倉(창고 창)	倡(기생 창)	倜(대범할 척)
	剔(바를 척)	隻(새한마리 척)	哲(밝을 철)
	祝(빌 축)	衷(절충할 충)	致(이를 치)
水	冥(어두울 명)	袂(소매 몌)	耗(줄일 모)
	珉(옥돌 민)	般(일반 반)	倣(본받을 방)
	芳(이름빛날 방)	倍(곱 배)	配(짝 배)
	柏(측백나무 백)	並(결 병)	倂(아우를 병)
	俸(녹 봉)	峰(봉우리 봉)	峯(봉우리 봉)
	釜(가마 부)	芙(연꽃 부)	芬(향기 분)
	祕(신기할 비)	派(보낼 파)	圃(넓을 포)

11획

木	桿(나무이름 간)	紺(감색 감)	勘(정할 감)
	胛(어깨 갑)	強(굳셀 강)	康(편안할 강)
	盖(덮을 개)	健(굳셀 건)	乾(하늘 건)
	堅(굳을 견)	梗(곧을 경)	炯(빛날 경)
	涇(통할 경)	啓(열 계)	珙(옥이름 공)
	珖(옥이름 광)	敎(가르칠 교)	區(나눌 구)
	救(도울 구)	國(나라 국)	規(법 규)
	珪(서옥 규)	寄(부칠 기)	埼(언덕머리 기)
	旣(이미 기)	基(터 기)	
火	那(어찌 나)	捏(이길 날)	堂(마루 당)
	帶(띠 대)	袋(부대 대)	動(움직일 동)

11획

火	得(얻을 득)	浪(물결 랑)	烺(빛밝을 랑)
	朗(밝을 랑)	略(간략할 략)	梁(대들보 량)
	翎(깃 령)	聆(들을 령)	羚(영양 령)
	聊(의자할 료)	流(흐를 류)	崙(산이름 륜)
	率(헤아릴 률)	婁(별이름 루)	累(더할 루)
	梨(배 리)	悧(영리할 리)	浬(물소리 리)
	胎(처음 태)	桶(통 통)	
土	訝(맞을 아)	婀(아리따울 아)	眼(눈 안)
	唵(머금을 암)	唹(고요히웃을 어)	悆(기뻐할 여)
	若(반야 야)	埜(들 야)	椰(땅이름 야)
	若(같을 약)	梁(대들보 양)	魚(물고기 어)
	御(모실 어)	焉(어찌 언)	涓(물방울 연)
	軟(연할 연)	研(연마할 연)	悅(즐거울 열)
	英(꽃부리 영)	迎(맞을 영)	埶(심을 예)
	悟(깨달을 오)	晤(밝을 오)	浯(강이름 오)
	梧(오동나무 오)	梡(도마 완)	婠(품성좋을 완)
	婉(순할 완)	浣(씻을 완)	浴(목욕 욕)
	庸(쓸 용)	釪(요령 우)	偶(짝 우)
	勖(힘쓸 욱)	婉(순할 원)	院(관문이름 원)
	苑(나라동산 원)	尉(벼슬이름 위)	偉(클 위)
	唯(오직 유)	流(흐를 유)	婑(아리따울 유)
	堉(기름진땅 육)	胤(맏아들 윤)	率(헤아릴 율)
	珢(옥돌 은)	訢(기뻐할 은)	異(다를 이)
	珥(귀막이옥 이)	梨(배 이)	离(산신 이)
	移(옮길 이)	翌(다음날 익)	翊(도울 익)
	寅(범 인)	粒(낟알 입)	海(바다 해)

11획

土	偕(함께 해)	珦(옥이름 향)	許(허락할 허)
	焃(밝을 혁)	舷(뱃전 현)	衒(선전할 현)
	絃(악기줄 현)	晛(햇살 현)	浹(젖을 협)
	邢(땅 형)	彗(빗자루 혜)	扈(넓을 호)
	胡(어찌 호)	毫(가는털 호)	晧(밝을 호)
	浩(클 호)	婚(혼인할 혼)	貨(재화 화)
	晥(환할 환)	凰(봉황새 황)	涍(물가 효)
	梟(용맹스러울 효)	珝(옥이름 후)	焄(불김오를 훈)
	畦(밭두둑 휴)	晞(마를 희)	烯(불빛 희)
金	産(낳을 산)	參(석 삼)	常(늘 상)
	祥(착할 상)	商(헤아릴 상)	笙(생황 생)
	庶(백성 서)	敘(차례 서)	珗(옥돌 선)
	旋(돌이킬 선)	船(배 선)	雪(눈 설)
	設(만들 설)	卨(은나라시조이름 설)	
	涉(건널 섭)	晟(밝을 성)	細(가는 세)
	疏(트일 소)	紹(이를 소)	巢(집지을 소)
	涑(헹굴 속)	率(거느릴 솔)	羞(바칠 수)
	宿(잘 숙)	珣(옥그릇 순)	術(재주 술)
	崇(공경할 숭)	習(익힐 습)	埴(찰흙 식)
	晨(샛별 신)	紳(점잖을 신)	悉(자할 신)
	雀(참새 작)	章(밝을 장)	張(베풀 장)
	將(장수 장)	帳(휘장 장)	梓(가래나무 재)
	苧(모시 저)	紵(모시풀 저)	寂(고요할 적)
	笛(피리 적)	專(오로지 전)	剪(자를 전)
	浙(강이름 절)	晢(밝을 철)	旌(기 정)
	桯(기둥 정)	涏(곧을 정)	頂(꼭대기 정)

11획

金	停(머무를 정)	挺(빼어날 정)	偵(엿볼 정)
	埩(밭갈 정)	悌(공경할 제)	祭(제사 제)
	第(차례 제)	梯(층 제)	粗(거칠 조)
	窕(고요할 조)	曹(무리 조)	眺(바라볼 조)
	鳥(새 조)	彫(새길 조)	條(조리 조)
	組(짤 조)	族(겨레 족)	從(따를 종)
	挫(꺾을 좌)	珠(구슬 주)	晝(낮 주)
	胄(자손 주)	做(지을 주)	浚(깊을 준)
	晙(밝을 준)	焌(불땔 준)	茁(성할 줄)
	趾(발 지)	桭(대청 진)	振(떨칠 진)
	袗(홑옷 진)	執(잡을 집)	參(참여할 참)
	窓(창 창)	寀(동관 채)	埰(사패지 채)
	彩(채색 채)	婇(여자이름 채)	責(맡을 책)
	處(곳 처)	悊(공경할 철)	催(높을 최)
	玔(귀고리 충)		
水	挽(당길 만)	茉(나무이름 말)	望(볼 망)
	梅(매화나무 매)	冕(면류관 면)	茅(띠 모)
	苗(싹 묘)	茂(풀우거질 무)	務(힘쓸 무)
	問(물을 문)	敏(민첩할 민)	密(빽빽할 민)
	班(나누어줄 반)	返(돌아올 반)	背(등 배)
	培(북을돋울 배)	梵(범어 범)	范(범풀 범)
	琣(보배 보)	烽(봉화 봉)	副(다음 부)
	浮(뜰 부)	彬(빛날 빈)	邠(빛날 빈)
	浜(물가 빈)	婆(할미 파)	販(팔 판)
	浦(물가 포)	胞(태보 포)	苾(향기로울 필)

12획

木	街(거리 가)	軻(굴대 가)	賈(값 가)
	間(사이 간)	揀(가릴 간)	幹(줄기 간)
	邯(땅이름 감)	嵌(산깊을 감)	感(감동할 감)
	戡(칠 감)	鉀(갑옷 갑)	閘(물문 갑)
	强(강할 강)	降(세울 강)	畺(지경 강)
	絳(진홍색 강)	塏(높고건조할 개)	開(열 개)
	凱(화할 개)	粳(메벼 갱)	琚(일할 거)
	鉅(강할 거)	楗(문빗장 건)	建(나누어펼 건)
	傑(준걸 걸)	揭(높이들 게)	絹(비단 견)
	結(맺을 결)	卿(벼슬 경)	敬(공경할 경)
	經(경영할 경)	傾(기울 경)	景(경치 경)
	鼓(북 고)	賈(장사 고)	誇(자랑할 과)
	款(정성스러울 관)	琯(옥피리 관)	适(빠를 괄)
	較(비교할 교)	郊(시외 교)	絿(급박할 구)
	鳩(비둘기 구)	貴(귀할 귀)	群(무리 군)
	揆(헤아릴 규)	邽(고을이름 규)	筠(대나무 균)
	極(극진할 극)	僅(남을 근)	勤(부지런할 근)
	琴(거문고 금)	禁(금할 금)	禽(새 금)
	祺(길할 기)	畸(돼기밭 기)	淇(물 기)
	琪(옥이름 기)	嗜(즐길 기)	跨(타넘을 타)
火	能(능할 능)	茶(차 다)	淡(묽을 담)
	覃(미칠 담)	答(대답 답)	悳(큰 덕)
	棹(노 도)	堵(담 도)	敦(도타울 돈)
	惇(든든할 돈)	焞(어스레할 돈)	童(아이 동)
	等(등급 등)	登(오를 등)	琅(옥이름 랑)
	量(헤아릴 량)	逞(군셀 령)	勞(일할 로)

12획

火	理(다스릴 리)	痢(설사 리)	浬(해리 리)
	琳(무성할 림)	淋(물뿌릴 림)	晫(밝을 탁)
	探(생각할 탐)	邰(태나라 태)	統(거느릴 통)
土	雅(바를 아)	量(헤아릴 양)	睗(해밝을 역)
	然(그럴 연)	淵(못 연)	硯(벼루 연)
	珸(옥빛 오)	琓(서옥 완)	阮(관문이름 완)
	堯(높을 요)	傛(익숙할 용)	茸(녹용 용)
	堣(땅이름 우)	寓(바칠 우)	雲(구름 운)
	雄(수컷 웅)	媛(아름다울 원)	越(넘을 월)
	圍(둘레 위)	爲(하 위)	惟(꾀할 유)
	㕀(노적 유)	琉(유리 유)	游(헤엄칠 유)
	阭(높을 윤)	理(다스릴 이)	媐(기쁠 이)
	貳(두 이)	壹(하나 일)	厦(큰집 하)
	賀(하례할 하)	項(목 항)	㶿(기운 행)
	現(나타날 현)	惠(은혜 혜)	淏(맑은모양 호)
	壺(병 호)	皓(흴 호)	畫(그림 화)
	喚(부를 환)	黃(누를 황)	堭(대궐 황)
	媓(여자이름 황)	淮(강이름 회)	勛(공훈 훈)
	喜(기쁠 희)		
金	象(코끼리 상)	舒(펼 서)	晳(분석할 석)
	善(착할 선)	盛(성할 성)	晟(재물 성)
	珹(옥 성)	邵(높을 소)	淞(강이름 송)
	琇(옥돌 수)	授(줄 수)	淑(맑을 숙)
	舜(임금 순)	淳(순박할 순)	順(순할 순)
	循(의지할 순)	筍(임금 순)	述(이을 술)
	勝(이길 승)	媞(아름다울 시)	視(볼 시)

12획

金	植(심을 식)	深(깊을 심)	粧(단장할 장)
	場(마당 장)	裁(헤아릴 재)	貯(저축할 저)
	情(뜻 정)	淨(맑을 정)	晶(맑을 정)
	婷(예쁠 정)	琔(옥이름 정)	珵(패옥 정)
	程(한정 정)	晸(해뜨는모양 정)	媞(예쁠 제)
	朝(아침 조)	詔(조서 조)	尊(공경할 존)
	淙(물소리 종)	棕(종려나무 종)	悰(즐거울 종)
	註(기록할 주)	準(법도 준)	竣(그칠 준)
	畯(농부 준)	衆(무리 중)	曾(일찍 증)
	智(슬기 지)	診(볼 진)	軫(수레 진)
	集(모을 집)	創(넓을 창)	敞(높을 창)
	採(가려낼 채)	棌(참나무 채)	策(책할 책)
	喆(밝을 철)	添(더할 첨)	晴(갤 청)
	淸(맑을 청)	替(대신할 체)	焦(그을릴 초)
	超(뛰어넘을 초)	硝(초석 초)	椒(산초나무 초)
水	脈(맥 맥)	棉(목화나무 면)	貿(무역 무)
	媄(빛고울 미)	媚(사랑할 미)	嵋(산이름 미)
	嵄(산 미)	閔(민망할 민)	博(넓을 박)
	跋(밟을 발)	發(일어날 발)	焙(불에쬘 배)
	番(한번 번)	棅(자루 병)	報(갚을 보)
	普(넓을 보)	復(돌아볼 복)	復(다시 부)
	富(부유할 부)	傅(스승 부)	焚(불사를 분)
	賁(클 분)	備(갖출 비)	棐(도울 비)
	扉(닫을 비)	費(없앨 비)	斌(빛날 빈)
	評(평론할 평)	幅(폭 폭)	馮(넘볼 풍)
	筆(글 필)	弼(도울 필)	

13획

木	琦(옥이름 기)

火	煖(따뜻할 난)	暖(따뜻할 난)	楠(매화나무 남)
	湳(물이름 남)	農(농사 농)	亶(믿음 단)
	煓(빛날 단)	湍(여울 단)	湛(즐길 담)
	當(마땅 당)	塘(못 당)	渡(건널 도)
	跳(뛸 도)	塗(진흙 도)	督(감독할 독)
	荳(콩 두)	廊(곁채 랑)	粮(양식 랑)
	粱(기장 량)	煉(쇠달굴 련)	廉(맑을 렴)
	鈴(방울 령)	路(길 로)	祿(복 록)
	輅(수레 로)	旒(깃발 류)	裡(속 리)
	琳(아름다운 림)	琢(다듬을 탁)	琸(사람이름 탁)
	塔(탑 탑)		

土	衙(마을 아)	莪(약초이름 아)	握(주먹 악)
	愛(사랑 애)	爺(아비 야)	椰(야자나무 야)
	惹(이끌 야)	暘(해돋이 양)	煬(말릴 양)
	楊(버들 양)	揚(떨칠 양)	敭(오를 양)
	業(일 업)	艅(배이름 여)	鉛(납 연)
	筵(대자리 연)	莚(풀줄기 연)	椽(서까래 연)
	煉(쇠달굴 연)	煙(연기 연)	廉(맑을 염)
	琰(아름다운 옥)	楹(기둥 영)	渶(물맑을 영)
	鈴(방울 영)	鍈(비출 영)	煐(빛날 영)
	塋(무덤 영)	預(참여할 예)	詣(이를 예)
	預(미리 예)	裔(후손 예)	鈺(보배 옥)
	莞(골 완)	琬(아름다울옥 완)	湧(용맹할 용)
	愚(어리석을 우)	郁(문채날 욱)	煜(빛날 욱)
	暈(달무리 운)	援(당길 원)	圓(둥글 원)

13획

土	園(동산 원)	湲(맑을 원)	嫄(여자이름 원)
	渭(물이름 위)	暐(빛환할 위)	瑜(옥돌 유)
	湀(깊을 유)	猶(같을 유)	愈(나을 유)
	裕(넉넉할 유)	愉(즐거울 유)	筠(연뿌리 윤)
	愔(조용할 음)	揖(뜰 읍)	意(뜻 의)
	義(옳을 의)	肄(익힐 이)	琳(아름다운옥 임)
	荷(연꽃 하)	廈(큰집 하)	嗃(엄할 학)
	楷(본받을 해)	解(풀 해)	該(해당할 해)
	鉉(솥귀 현)	號(부를 호)	琥(호박 호)
	湖(호수 호)	渾(흐릴 혼)	靴(가죽신 화)
	畵(그림 화)	話(말 화)	換(바꿀 환)
	煥(빛날 환)	渙(찬란할 환)	湟(물에빠질 황)
	煌(빛날 황)	會(모을 회)	逅(만날 후)
	煦(은혜베풀 후)	煊(따뜻할 훤)	暄(온난할 훤)
	煇(빛날 휘)	揮(뽐낼 휘)	暉(햇빛 휘)
	熙(빛날 희)		
金	想(생각할 상)	詳(자세할 상)	暑(더위 서)
	惰(지혜로울 서)	揟(잡을 서)	詵(많을 선)
	羨(부러워할 선)	愃(쾌할 선)	聖(성스러울 성)
	聖(성인 성)	惺(영리할 성)	猩(성성이 성)
	勢(권세 세)	歲(해 세)	逍(거닐 소)
	送(보낼 송)	酬(보답 수)	竪(세울 수)
	搜(찾을 수)	綏(편안할 수)	嫂(형수 수)
	肅(엄숙할 숙)	琡(옥이름 숙)	嵩(높을 숭)
	塍(밭두둑 승)	詩(글귀 시)	試(시험할 시)
	軾(수레난간 식)	湜(물맑을 식)	新(새 신)

13획

金	莘(약이름 신)	雌(암컷 자)	資(재물 자)
	莊(씩씩할 장)	裝(치장할 장)	渽(맑을 재)
	載(실을 재)	這(맞이할 저)	渚(물가 저)
	楮(닥나무 저)	勣(업적 적)	迹(자취 적)
	詮(갖출 전)	殿(대궐 전)	琠(옥이름 전)
	傳(전할 전)	塡(편안할 전)	靖(꾀할 정)
	睛(눈동자 정)	楨(단단한나무 정)	綎(띠술 정)
	渟(멈출 정)	湞(물이름 정)	碇(배멈출 정)
	鼎(솥 정)	艇(작은배 정)	提(당길 제)
	照(비칠 조)	琮(옥 종)	椶(종료나무 종)
	雋(영특할 준)	楫(노 즙)	稙(올벼 직)
	鉁(보배 진)	琗(빛날 채)	粲(선명할 찬)
	睬(주목할 채)	楚(모양 초)	催(재촉할 최)
	楸(가래나무 추)	湫(다할 추)	追(쫓을 추)
	椿(참죽나무 춘)	測(측량할 측)	
水	睦(화목할 목)	描(그릴 묘)	媺(아름다울 미)
	渼(물결무늬 미)	微(작을 미)	䪸(굳셀 민)
	飯(밥 반)	馚(향기 별)	琺(법랑 법)
	湺(보 보)	琶(비파 파)	楓(단풍나무 풍)
	豊(풍년 풍)		

14획

木	嘉(아름다울 가)	監(살필 감)	暠(밝을 고)
	廓(넓을 곽)	管(주관할 관)	郡(고을 군)
	兢(굳셀 긍)	旗(기 기)	箕(별이름 기)

14획

火	寧(편안할 녕)	團(둥글 단)	端(실마리 단)
	對(마주볼 대)	臺(토대 대)	圖(그림 도)
	途(길 도)	銅(구리 동)	連(이을 련)
	領(고개 령)	誕(태어날 탄)	態(태도 태)
	通(통할 통)	透(통할 투)	
土	語(말씀 어)	嫣(아름다울 언)	與(더불어 여)
	瑌(옥돌 연)	連(이을 연)	說(기꺼울 열)
	熀(환할 엽)	領(고개 영)	榮(영화 영)
	瑛(옥빛 영)	睿(밝을 예)	溫(따뜻할 온)
	僥(바랄 요)	僚(벗 요)	搖(움직일 요)
	搖(움직일 요)	榕(목나무 용)	溶(물질펀할 용)
	禑(복 우)	瑀(옥돌 우)	霙(물소리 우)
	煴(노란모양 운)	源(근원 원)	瑗(도리 원)
	愿(정성 원)	瑜(아름다운옥 유)	維(바 유)
	銀(은 은)	憖(괴로울 은)	溵(물소리 은)
	熒(등불 형)	滎(실개천 형)	瑚(산호 호)
	豪(호걸 호)	琿(아름다운옥 혼)	華(빛날 화)
	廓(클 확)	滉(물깊을 황)	愰(밝을 황)
	榥(책상 황)	劃(그을 획)	熏(불기운 훈)
	熙(빛날 희)	僖(즐거울 희)	
金	算(산술 산)	像(모양 상)	誓(맹세할 서)
	瑞(상서 서)	碩(클 석)	銑(끌 선)
	瑄(도리옥 선)	嫙(예쁠 선)	說(말씀 설)
	瑆(옥 성)	誠(정성 성)	說(말씀 세)
	韶(아름다울 소)	愫(정성 소)	速(빠를 속)
	壽(목숨 수)	實(열매 실)	慈(인자할 자)

14획

金
奬(권면할 장)	精(진실 정)	静(고요할 정)
禎(상서 정)	齊(엄숙할 제)	瑅(옥이름 제)
製(지을 제)	造(만들 조)	趙(조나라 조)
種(씨 종)	準(법도 준)	僔(모일 준)
誌(기록할 지)	盡(다할 진)	溱(성할 진)
榛(우거질 진)	察(살필 찰)	彰(밝을 창)
滄(큰바다 창)	暢(통할 창)	菜(나물 채)
綵(비단 채)	綴(맺을 철)	菁(우거질 청)
聰(귀밝을 총)	總(거느릴 총)	瑃(옥이름 춘)
萃(모을 췌)	聚(모을 취)	翠(푸를 취)
置(둘 치)	稱(부를 칭)	

水
慏(너그러울 명)	銘(새길 명)	瑁(서옥 모)
夢(꿈 몽)	舞(춤출 무)	聞(들을 문)
敃(강할 민)	磻(옥돌 민)	瑉(옥돌 민)
碧(푸를 벽)	輔(도울 보)	菩(보살 보)
福(복 복)	逢(만날 봉)	鳳(새 봉)
溥(클 부)	賓(손님 빈)	

15획

木
價(값 가)	稼(심을 가)	葛(칡 갈)
槪(절 개)	腱(힘줄 건)	漧(하늘 건)
儉(검소할 검)	慶(경사 경)	熲(빛날 경)
稿(원고 고)	穀(곡식 곡)	課(공부 과)
郭(둘레 곽)	寬(너그러울 관)	慣(익숙할 관)
廣(넓을 광)	餃(경단 교)	嬌(맵시 교)
漌(맑을 근)	槿(무궁화 근)	畿(경기 기)

15획

火	緞(비단 단)	談(말씀 담)	幢(기 당)
	德(큰 덕)	墩(돈대 돈)	董(바를 동)
	樂(즐길 락)	琅(옥이름 랑)	樑(대들보 량)
	諒(믿을 량)	輛(수레 량)	慮(생각 려)
	閭(이문 려)	輦(손수레 연)	練(익힐 련)
	魯(노나라 노)	論(말할 론)	寮(동료 료)
	樓(다락 루)	瑠(유리 류)	劉(이길 류)
	輪(바퀴 륜)	履(가죽신 리)	
土	樂(풍류 악)	養(기를 양)	樑(대들보 양)
	樣(모양 양)	諒(믿을 양)	億(억 억)
	慮(생각할 여)	閭(이문 여)	練(익힐 연)
	緣(인연 연)	演(펼 연)	澑(물흐를 열)
	閱(겪을 열)	熱(더울 열)	葉(세대 엽)
	影(그림자 영)	瑩(밝을 영)	瑥(사람이름 온)
	嶢(높을 요)	瑤(아름다운옥 요)	樂(좋아할 요)
	瑢(옥소리 용)	槦(나무이름 용)	慪(공경할 우)
	院(집 원)	褑(옷 원)	緯(경위 위)
	偉(아름다울 위)	慰(위로할 위)	劉(이길 유)
	誾(화평할 은)	毅(굳셀 의)	儀(꼴 의)
	誼(옳을 의)	履(가죽신 이)	逸(놓을 일)
	漢(한수 한)	賢(어질 현)	儇(총명할 현)
	瑩(밝을 형)	慧(지혜 혜)	惠(밝힐 혜)
	皞(밝을 호)	皛(나타날 효)	嬅(고울 화)
	確(확실할 확)	碻(확실할 확)	勳(공훈 훈)
	輝(빛날 휘)	興(일어날 흥)	嬉(놀 희)

15획

金	賞(상줄 상) 嬋(고울 선) 熟(익힐 숙) 磁(자석 자) 調(고를 조) 瑨(아름다운돌 진) 質(근본 질) 徹(통할 철)	署(관청 서) 善(백토 선) 諄(지극할 순) 暲(밝을 장) 增(더할 증) 瑢(옥돌 진) 瑳(깨끗할 차)	奭(클 석) 數(셀 수) 審(살필 심) 靚(단장할 정) 禛(복받을 진) 進(나아갈 진) 贊(찬성할 찬)
水	萬(일만 만) 磐(반석 반)	模(모범 모) 盤(소반 반)	憫(총명할 민) 範(본보기 범)

16획

木	慤(성실할 각) 曔(밝을 경) 機(기계 기)	諫(간할 간) 錦(비단 금)	彊(굳셀 강) 璂(옥 기)
火	達(통달할 달) 篤(도타울 독) 曈(해뜰 동) 曆(책력 력) 潾(맑을 린)	道(길 도) 燉(불빛 돈) 頭(머리 두) 燎(비출 료)	導(이끌 도) 暾(해돋을 돈) 歷(지날 력) 龍(용 룡)
土	曄(밝을 엽) 穎(빼어날 영) 叡(밝을 예) 橒(넉넉할 운)	燁(빛날 엽) 濊(넉넉할 예) 龍(용 용) 運(운전할 운)	嬴(가득할 영) 豫(미리 예) 遇(만날 우) 鴛(원앙 원)

16획

土	儒(선비 유)	陸(육지 육)	潤(윤택할 윤)
	燏(빛날 윤)	檃(기댈 은)	璃(유리 이)
	璌(사람이름 인)	潾(물맑을 인)	學(배울 학)
	澖(넓을 한)	翰(날개 한)	憲(법 헌)
	螢(개똥벌레 형)	衡(저울 형)	澔(클 호)
	曉(밝을 효)	勳(공 훈)	憘(기뻐할 희)
	橲(나무이름 희)	憙(기뻐할 희)	熹(밝을 희)
	熺(성할 희)	羲(숨 희)	
金	錫(주석 석)	諟(바를 시)	錢(돈 전)
	靜(고요할 정)	整(정돈할 정)	諄(조정할 정)
	諸(모을 제)	雋(준걸 준)	陳(늘어놓을 진)
	輯(모을 집)	諦(살필 체)	親(친할 친)
水	謀(꾀 모)	穆(공경할 목)	陪(따를 배)
	辨(판단할 변)	儐(인도할 빈)	

17획

木	講(강론할 강)	謙(겸손할 겸)	璟(옥빛 경)
	擎(받들 경)	鞠(기를 국)	
火	鍊(단련할 련)	蓮(연꽃 련)	
土	陽(볕 양)	鍊(단련할 연)	蓮(연꽃 연)
	營(경영할 영)	嶺(고개 영)	鍈(방울소리 영)
	優(넉넉할 우)	燠(따뜻할 우)	遠(멀 원)
	翼(날개 익)	璘(옥무늬 인)	臨(임할 임)
	韓(한나라 한)	徽(아름다울 휘)	禧(길할 희)

17획

金	償(갚을 상)	禪(고요할 선)	燮(불꽃 섭)
	聲(소리 성)	遜(겸손할 손)	雖(비록 수)
	蔣(진고 장)	操(조정할 조)	鍾(쇠북 종)
	撙(기쁠 준)	璡(아름다운돌 진)	澯(맑을 찬)
	燦(빛날 찬)	儧(모일 찬)	蔡(성씨 채)

18획

木	擧(들 거)	璥(경옥 경)	
火	顔(얼굴 안)	糧(양식 양)	瑌(옥돌 연)
	禮(예도 예)	燿(빛날 요)	曘(햇빛 유)
	贇(예쁠 윤)	爀(빛날 혁)	顯(나타날 현)
	鎬(호경 호)	環(옥고리 환)	燻(불기운 훈)
金	濟(정할 제)	題(제목 제)	遭(만날 조)
	燽(밝을 주)	濬(깊을 준)	鎭(진정할 진)
	璨(옥빛찬란할 찬)		
水	馥(향기 복)	濱(물가 빈)	豐(풍년 풍)

19획

木	鏡(거울 경)	鯨(고래 경)	曠(밝을 광)
火	鄲(나라이름 단)	譚(클 담)	麗(고을 려)
	鄰(이웃 린)		
土	麗(고을 여)	嬿(아름다울 연)	艶(고을 염)

19획			
土	鏞(큰쇠북 용) 瀅(맑을 형)	願(원할 원) 譓(슬기로울 혜)	類(같을 유)
金	選(가릴 선) 識(판별할 지)	璿(아름다운옥 선) 贊(찬성할 찬)	遵(지킬 준)
水	鵬(새이름 명) 贇(예쁠 빈) 覇(으뜸 패)	龐(클 방) 霦(옥광채 빈)	鵬(붕새 붕) 穦(향기 빈)

20획			
木	瓊(구슬 경)	勸(권할 권)	
火	羅(비단 라) 鏻(굳셀 린)	露(이슬 로)	隣(이웃 린)
土	曣(청명할 연) 獻(바칠 헌) 薰(향풀 훈)	耀(빛날 요) 馨(향기 형) 曦(빛날 희)	議(의논할 의) 斅(가르칠 효)
金	釋(놓을 석) 瀞(맑을 정)	鐥(좋은쇠 선) 籍(호적 적)	鐘(쇠북 종)
水	寶(보배 보)	繽(성할 빈)	

21획			
土	躍(뛸 약) 鶴(학 학)	瀯(물소리 영) 顥(빛날 호)	譽(칭찬할 예)

21획

金	隋(따를 수)

22획

木	權(권세 권)
火	瓓(옥광채 란)　　變(아름다울 련)
土	隱(숨을 은)　　懿(아름다울 의)
金	讚(밝을 찬)
水	邊(변방 변)　　鑌(강철 빈)

23획

木	鑛(쇳돌 광)
火	蘭(난초 란)
土	巖(바위 암)　　戀(사모할 연)　　麟(기린 인) 顯(나타날 현)
水	馪(향기 빈)

24획

土	艶(고울 염)　　靈(신령 영)　　囍(쌍희 희)
金	瓚(옥잔 찬)

25획

| 土 | 灝(넓을 호) |

26획

| 金 | 讚(밝을 찬) |

29획

| 金 | 驪(나라이름 려) |

제 8 장

인명용 한자
(가나다 순)

현재 대법원 인명용 한자는
해마다 대법원에서 가족관계의 등록 등에 관한
규칙으로 호적관서에 추가 송부로
5,455(2010.1.1. 시행)자가 되었으니
대법원이 정한 인명용 한자 추가 수록분
모두를 확인하고 싶은 독자는
대법원의 홈페이지 전자민원센터를
참고하기 바란다.

현재 통용되는 한자는 수만 자에 이르기에 혼돈과 잘못된 사용을 피하기 위해 대법원의 대법관 회의에서 이름에 쓸 수 있는 한자 2,854자를 확정하여 당시 호적법 시행규칙 제 37조에 의거 이를 공포하여 1991년 4월 1일부터 시행하여 오고 있다.

대법원에서 정한 인명용 한자는 당시의 교육부가 정한 교육용 기초한자 1,800자를 포함하여 각계의 의견을 수렴하여 이름에 적합하다고 판단되는 한자 2,854자를 정하였으며, 정해진 한자 이외의 한자를 사용하여 출생신고를 할 경우 가족관계 등록부에는 한글 음대로 이름을 올리도록 하였다.

그러나 대법원에서 대법관 회의 시에 성명학 전문가를 포함시키지 않아 이름에 쓸 수 없는 한자가 상당수 포함되어 있다. 예를 들면 거짓 假, 간사할 姦, 죽을 死, 망할 亡, 귀신 神, 간음할 淫 등의 뜻이 좋지 않은 한자와 놀랄 驚, 뱃속벌레 蟲, 쇠사슬 蝗, 등나무 藤, 울타리 籬, 이끼 蘚 등의 획수가 많고 어려운 한자, 땅이름 串, 굴대 軌, 도장찍을 捺, 두뇌 腦, 군더더기 贅와 같은 발음이 이상한 한자가 다수 포함되어 있다. 앞에서 서술한 바와 같이 花, 順, 玉 등의 불길문자와 이름에 사용해도 괜찮은 글자는 본서의 앞부분에 자세하게 기술되어 있으니 작명 시 참고하기 바란다.

현재 대법원 인명용 한자는 해마다 대법원에서 가족관계의 등록 등에 관한 규칙으로 호적관서에 추가 송부로 5,455(2010.1.1. 시행)자가 되었으니 앞으로 대법원이 정한 인명용 한자 추가 수록분 모두를 확인하고 싶은 독자는 대법원의 홈페이지 전자민원센터를 참고하기 바란다.

| 대법원 인명용 한자 |

한글	인명용 한자		
가	家(집 가)	佳(아름다울 가)	街(거리 가)
	可(옳을 가)	歌(노래 가)	加(더할 가)
	價(값 가)	假(거짓 가)	架(시렁 가)
	暇(겨를 가)	嘉(아름다울 가)	嫁(시집갈 가)
	稼(심을 가)	賈(값 가)	駕(멍에 가)
	伽(절 가)	迦(막을 가)	柯(자루 가)
	呵(꾸짖을 가)	哥(노래 가)	枷(도리깨 가)
	珂(옥이름 가)	痂(헌데딱지 가)	苛(매울 가)
	茄(연줄기 가)	袈(가사 가)	訶(꾸짖을 가)
	跏(책상다리할 가)	軻(굴대 가)	哿(옳을 가)
각	各(각각 각)	角(뿔 각)	脚(다리 각)
	閣(문설주 각)	却(물리칠 각)	覺(깨달을 각)
	刻(새길 각)	珏(쌍옥 각)	恪(삼갈 각)
	殼(껍질 각)	慤(慤, 성실할 각)	
간	干(방패 간)	間(사이 간)	看(볼 간)
	刊(책펴낼 간)	肝(간 간)	幹(줄기 간)
	簡(대쪽 간)	姦(간사할 간)	懇(정성 간)
	艮(어긋날 간)	侃(강직할 간)	玕(옥돌 간)
	杆(桿, 나무이름 간)		竿(장대 간)
	揀(가릴 간)	諫(간할 간)	墾(개간할 간)
	栞(도표 간)	奸(범할 간)	柬(가릴 간)
	澗(산골물 간)	磵(산골짜기물 간)	稈(짚 간)
	艱(어려울 간)	癎(癇, 간질 간)	
갈	渴(목마를 갈)	葛(칡 갈)	�(땅이름 갈)

한글	인명용 한자		
갈	喝(더위먹을 갈) 竭(다할 갈) 鞨(말갈족 갈)	曷(어찌 갈) 褐(털옷 갈)	碣(비석 갈) 蝎(나무좀 갈)
감	甘(달 감) 敢(감히 감) 勘(헤아릴 감) 坎(구덩이 감) 戡(칠 감) 疳(감질 감) 龕(감실 감)	減(덜 감) 監(볼 감) 堪(견딜 감) 嵌(산깊을 감) 柑(감자나무 감) 紺(감색 감)	感(느낄 감) 鑑(鑒, 거울 감) 瞰(볼 감) 憾(서운할 감) 橄(감람나무 감) 邯(땅이름 감)
갑	甲(갑옷 갑) 岬(산허리 갑)	鉀(갑옷 갑) 胛(어깨 갑)	匣(갑 갑) 閘(수문 갑)
강	江(강 강) 強(强, 굳셀 강) 鋼(鎠, 강철 강) 堈(언덕 강) 姜(성(姓) 강) 慷(강개할 강) 糠(겨 강) 腔(빈 속 강) 襁(繦, 포대기 강) 矼(우뚝솟을 강)	降(내릴 강) 康(편안할 강) 綱(벼리 강) 岡(崗, 산등성이 강) 橿(나무이름 강) 畺(지경 강) 絳(진홍색 강) 舡(배 강) 鱇(아귀 강) 玒(옥이름 강)	講(익힐 강) 剛(굳셀 강) 杠(깃대 강) 彊(굳셀 강) 疆(지경 강) 羌(종족이름 강) 薑(생강 강) 嫝(편안할 강)
개	改(고칠 개) 開(열 개) 概(대개 개) 凱(즐길 개)	皆(다 개) 介(끼일 개) 蓋(盖, 덮을 개) 愷(즐거울 개)	個(箇, 낱 개) 慨(분개할 개) 价(착할 개) 漑(물댈 개)

한글	인명용 한자		
개	塏(높고건조할 개) 芥(겨자 개) 玠(큰홀 개)	愾(성낼 개) 豈(어찌 개)	疥(옴 개) 鎧(갑옷 개)
객	客(손 객)	喀(토할 객)	
갱	更(다시 갱) 羹(국 갱)	坑(구덩이 갱)	粳(메벼 갱)
갹	醵(술추렴할 갹)		
거	去(갈 거) 車(수레 거) 拒(막을 거) 遽(갑자기 거) 倨(거만할 거) 踞(웅크릴 거)	巨(클 거) 擧(들 거) 據(의거할 거) 鉅(클 거) 据(일할 거) 鋸(톱 거)	居(있을 거) 距(떨어질 거) 渠(도랑 거) 炬(횃불 거) 祛(떨어없앨 거)
건	建(建, 세울 건) 健(튼튼할 건) 楗(문빗장 건) 腱(힘줄 건)	乾(漧, 하늘 건) 巾(수건 건) 鍵(열쇠 건) 蹇(절 건)	件(사건 건) 虔(정성 건) 愆(허물 건) 騫(이리저리 건)
걸	傑(杰, 뛰어날 걸)	乞(빌 걸)	桀(홰 걸)
검	儉(검소할 검) 瞼(눈꺼풀 검)	劍(劒, 칼 검) 鈐(비녀장 검)	檢(검사할 검) 黔(검을 검)
겁	劫(위협할 겁)	怯(겁낼 겁)	法(갈 겁)
게	憩(쉴 게)	揭(들 게)	偈(쉴 게)

한글	인명용 한자		
격	格(바로잡을 격) 隔(사이뜰 격) 覡(박수 격)	擊(부딪칠 격) 檄(격문 격)	激(과격할 격) 膈(흉격 격)
견	犬(개 견) 肩(어깨 견) 牽(끌 견) 繭(고치 견)	見(볼 견) 絹(명주 견) 鵑(두견 견) 譴(꾸짖을 견)	堅(굳을 견) 遣(보낼 견) 甄(질그릇 견)
결	決(터질 결) 缺(이지러질 결)	結(맺을 결) 訣(이별할 결)	潔(潔, 깨끗할 결) 抉(도려낼 결)
겸	兼(겸할 겸) 慊(찐덥지않을 겸) 嗛(겸손할 겸)	謙(겸손할 겸) 箝(재갈먹일 겸) 槏(문설주 겸)	鎌(낫 겸) 鉗(칼 겸)
경	京(京, 서울 경) 經(경서 경) 敬(공경할 경) 競(겨룰 경) 鏡(거울 경) 硬(굳을 경) 卿(卿, 벼슬 경) 坰(들 경) 更(고칠 경) 璟(옥이광채날 경) 檠(㯳, 도지개 경) 莖(줄기 경) 熲(빛날 경) 炅(불꽃오를 경)	景(曔, 볕 경) 庚(일곱째천간 경) 驚(놀랄 경) 竟(다할 경) 頃(잠깐 경) 警(경계할 경) 倞(군셀 경) 耿(빛날 경) 梗(대개 경) 瓊(옥 경) 儆(경계할 경) 勁(군셀 경) 冏(囧, 빛날 경) 璥(경옥 경)	輕(가벼울 경) 耕(밭갈 경) 慶(경사 경) 境(지경 경) 傾(기울 경) 徑(俓, 지름길 경) 鯨(고래 경) 烱(빛날 경) 憬(깨달을 경) 擎(들 경) 涇(통할 경) 逕(소로 경) 勍(셀 경) 痙(경련할 경)

한글	인명용 한자		
경	磬(경쇠 경) 勁(굳셀 경) 璟(璄, 옥빛 경)	絅(끌어죌 경) 鶊(꾀꼬리 경) 涇(찰 경)	脛(정강이 경) 冂(멀 경) 憼(공경할 경)
계	癸(열째천간 계) 計(꾀 계) 系(이을 계) 械(형틀 계) 桂(계수나무 계) 炷(화덕 계) 悸(두근거릴 계) 繫(맬 계)	季(끝 계) 溪(시내 계) 係(걸릴 계) 繼(이을 계) 啓(열 계) 誡(경계할 계) 棨(창 계) 谿(磎, 시내 계)	界(堺, 지경 계) 鷄(닭 계) 戒(경계할 계) 契(맺을 계) 階(섬돌 계) 屆(이를 계) 稽(머무를 계)
고	古(옛 고) 苦(쓸 고) 告(알릴 고) 庫(곳집 고) 稿(볏집 고) 敲(두드릴 고) 呱(울 고) 槁(마를 고) 睪(못 고) 膏(살찔 고) 蠱(독 고) 賈(장사 고) 雇(품살 고)	故(옛 고) 攷(攷, 상고할 고) 枯(마를 고) 孤(외로울 고) 顧(돌아볼 고) 皐(皋, 언덕 고) 尻(꽁무니 고) 沽(팔 고) 羔(새끼 양 고) 苽(줄 고) 袴(바지 고) 辜(허물 고) 杲(밝을 고)	固(굳을 고) 高(높을 고) 姑(시어미 고) 鼓(북 고) 叩(두드릴 고) 盬(흴 고) 拷(칠 고) 痼(고질 고) 股(넓적다리 고) 菰(향초 고) 誥(고할 고) 錮(땜질할 고) 藁(짚 고)
곡	谷(골 곡) 哭(울 곡)	曲(굽을 곡) 斛(10말들이휘 곡)	穀(곡식 곡) 梏(쇠고랑 곡)

한글	인명용 한자		
곡	鵠(고니 곡)		
곤	困(괴로울 곤)	坤(땅 곤)	昆(맏 곤)
	崑(산이름 곤)	琨(옥돌 곤)	錕(붉은쇠 곤)
	梱(문지방 곤)	棍(몽둥이 곤)	滾(흐를 곤)
	衮(袞, 곤룡포 곤)	鯤(곤이 곤)	
골	骨(뼈 골)	汨(빠질 골)	滑(어지러울 골)
공	工(장인 공)	功(공로 공)	空(빌 공)
	共(함께 공)	公(공변될 공)	孔(구멍 공)
	供(이바지할 공)	恭(공손할 공)	攻(칠 공)
	恐(두려울 공)	貢(바칠 공)	珙(큰옥 공)
	控(당길 공)	拱(두손맞잡을 공)	
공	蚣(지네 공)	鞏(묶을 공)	
곶	串(곶 곶)		
과	果(과실 과)	課(매길 과)	科(과정 과)
	過(지날 과)	戈(창 과)	瓜(오이 과)
	誇(자랑할 과)	寡(적을 과)	菓(과실 과)
	跨(타넘을 과)	鍋(노구솥 과)	顆(낱알 과)
곽	郭(성곽 곽)	廓(둘레 곽)	槨(덧널 곽)
	藿(콩잎 곽)		
관	官(벼슬 관)	觀(볼 관)	關(빗장 관)
	館(舘, 객사 관)	管(피리 관)	貫(꿸 관)
	慣(버릇 관)	寬(寛, 너그러울 관)	
	冠(갓 관)	款(정성 관)	琯(옥피리 관)
	錧(비녀장 관)	灌(물댈 관)	瓘(옥이름 관)

한글	인명용 한자		
관	梡(도마 관) 罐(두레박 관)	串(익힐 관) 菅(골풀 관)	棺(널 관)
괄	括(묶을 괄) 适(빠를 괄)	刮(깎을 괄)	恝(걱정없을 괄)
광	光(炛・炚, 빛 광) 侊(성한모양 광) 珖(옥피리 광) 曠(밝을 광) 筐(광주리 광)	廣(広, 넓을 광) 洸(용솟음쳐빛날 광) 桄(광랑나무 광) 壙(광 광) 胱(오줌통 광)	鑛(쇳돌 광) 匡(바로잡을 광) 狂(미칠 광)
괘	掛(걸 괘)	卦(걸 괘)	罫(줄 괘)
괴	塊(흙덩이 괴) 壞(무너질 괴) 拐(속일 괴)	愧(부끄러워할 괴) 乖(어그러질 괴) 槐(홰나무 괴)	怪(기이할 괴) 傀(클 괴) 魁(으뜸 괴)
굉	宏(클 굉) 轟(울릴 굉)	紘(갓끈 굉)	肱(팔뚝 굉)
교	交(사귈 교) 敎(教, 가르칠 교) 巧(공교할 교) 喬(높을 교) 咬(새소리 교) 攪(어지러울 교) 絞(목맬 교) 蛟(교룡 교) 驕(교만할 교) 佼(예쁠 교)	校(학교 교) 郊(성밖 교) 矯(바로잡을 교) 嬌(아리따울 교) 嶠(뾰족하게높을 교) 狡(교활할 교) 翹(뛰어날 교) 轎(가마 교) 鮫(상어 교) 噭(부르짖을 교)	橋(다리 교) 較(견줄 교) 僑(높을 교) 膠(아교 교) 皎(달빛 교) 蕎(메밀 교) 餃(경단 교) 姣(예쁠 교) 憍(교만할 교)

한글	인명용 한자		
구	九(아홉 구) 救(건질 구) 句(글귀 구) 俱(함께 구) 鷗(갈매기 구) 狗(개 구) 龜(땅이름 구) 玖(옥돌 구) 銶(끌 구) 鳩(비둘기 구) 枸(호깨나무 구) 咎(허물 구) 寇(도둑 구) 廏(廐, 마구간 구) 毬(공 구) 絿(급박할 구) 衢(네거리 구) 鉤(갈고리 구) 颶(구풍 구)	口(입 구) 究(궁구할 구) 舊(예 구) 區(지경 구) 苟(진실로 구) 丘(坵, 언덕 구) 構(얽을 구) 矩(곱자 구) 溝(도랑 구) 軀(몸 구) 仇(원수 구) 嘔(노래할 구) 嶇(험할 구) 歐(토할 구) 灸(뜸 구) 臼(절구 구) 謳(노래할 구) 駒(망아지 구) 龜(거북 구)	求(구할 구) 久(오랠 구) 具(갖출 구) 驅(몰 구) 拘(잡을 구) 懼(두려워할 구) 球(공 구) 邱(땅이름 구) 購(살 구) 耈(耇, 늙을 구) 勾(굽을 구) 垢(때 구) 柩(널 구) 毆(때릴 구) 瞿(볼 구) 舅(시아비 구) 逑(짝 구) 珣(옥돌 구)
국	國(国, 나라 국) 鞠(공 국) 菊(대뿌리 국)	菊(국화 국) 鞫(국문할 국)	局(판 국) 麴(누룩 국)
군	君(임금 군) 群(무리 군)	郡(고을 군) 窘(막힐 군)	軍(군사 군) 裙(치마 군)
굴	屈(굽을 굴) 掘(팔 굴)	窟(굴 굴)	堀(굴 굴)

한글	인명용 한자		
궁	弓(활 궁) 躬(몸 궁)	宮(집 궁) 穹(하늘 궁)	窮(다할 궁) 芎(궁궁이 궁)
권	卷(책 권) 券(문서 권) 眷(돌아볼 권) 淃(물돌아흐를 권)	權(權, 권세 권) 拳(주먹 권) 倦(게으를 권)	勸(권할 권) 圈(우리 권) 捲(걷을 권)
궐	厥(그 궐) 蕨(고사리 궐)	闕(대궐 궐) 蹶(넘어질 궐)	獗(날뛸 궐)
궤	軌(길 궤) 潰(무너질 궤)	机(책상 궤) 詭(속일 궤)	櫃(함 궤) 饋(먹일 궤)
귀	貴(귀할 귀) 句(구절 귀) 龜(龜, 거북 귀)	歸(돌아갈 귀) 晷(그림자 귀)	鬼(귀신 귀) 鏡(가래 귀)
규	叫(부르짖을 규) 圭(서옥 규) 逵(한길 규) 槻(물푸레나무 규) 糾(紏, 살필 규) 睽(가는허리 규) 珪(서옥 규)	規(법 규) 奎(별이름 규) 窺(엿볼 규) 硅(규소 규) 赳(용맹스러울 규) 湀(물이솟아흐를 규)	閨(안방 규) 揆(헤아릴 규) 葵(해바라기 규) 竅(구멍 규) 邽(고을이름 규)
균	均(고를 균) 鈞(무게단위 균) 龜(龜, 터질 균)	菌(버섯 균) 勻(匀, 적을 균)	畇(밭일굴 균) 筠(대나무 균)
귤	橘(귤나무 귤)		

한글	인명용 한자		
극	極(다할 극) 剋(이길 극) 棘(가시나무 극)	克(이길 극) 隙(틈 극)	劇(심할 극) 戟(창 극)
근	近(가까울 근) 斤(도끼 근) 漌(맑을 근) 瑾(아름다운옥 근) 劤(힘 근) 菫(제비꽃 근)	勤(부지런할 근) 僅(겨우 근) 墐(파묻을 근) 嫤(고울 근) 懃(은근할 근) 覲(뵐 근)	根(뿌리 근) 謹(삼갈 근) 槿(무궁화나무 근) 筋(힘줄 근) 芹(미나리 근) 饉(흉년들 근)
글	契(부족이름 글)		
금	金(쇠 금) 錦(비단 금) 衾(이불 금) 妗(외숙모 금) 芩(풀이름 금)	今(이제 금) 禽(날짐승 금) 襟(옷깃 금) 擒(사로잡을 금) 衿(옷깃 금)	禁(금할 금) 琴(거문고 금) 昑(밝을 금) 檎(능금나무 금)
급	及(미칠 급) 級(등급 급) 扱(미칠 급)	給(넉넉할 급) 汲(길을 급)	急(급할 급) 伋(속일 급)
긍	肯(긍정할 긍) 矜(불쌍히여길 긍)	亘(亙, 뻗칠 긍)	兢(삼갈 긍)
기	己(몸 기) 其(그 기) 氣(기운 기) 旣(이미 기) 旗(깃발 기)	記(기록할 기) 期(기약할 기) 技(재주 기) 紀(벼리 기) 欺(속일 기)	起(일어날 기) 基(터 기) 幾(기미 기) 忌(꺼릴 기) 奇(기이할 기)

한글	인명용 한자		
기	騎(말탈 기)	寄(부칠 기)	豈(어찌 기)
	棄(버릴 기)	祈(빌 기)	企(꾀할 기)
	畿(경기 기)	飢(주릴 기)	器(그릇 기)
	機(틀 기)	淇(강이름 기)	琪(옥 기)
	堪(피변꾸미개 기)	棋(碁, 바둑 기)	祺(복 기)
	錤(호미 기)	騏(털총이 기)	麒(기린 기)
	玘(패옥 기)	杞(나무이름 기)	埼(갑 기)
	崎(험할 기)	琦(옥이름 기)	綺(비단 기)
	錡(솥 기)	箕(키 기)	岐(갈림길 기)
	汽(증기 기)	沂(물이름 기)	圻(경기 기)
	耆(늙은이 기)	璣(璂, 구슬 기)	磯(물가 기)
	譏(나무랄 기)	冀(바랄 기)	驥(천리마 기)
	嗜(즐길 기)	暣(볕기운 기)	伎(재주 기)
	夔(조심할 기)	妓(기생 기)	朞(돌 기)
	畸(불구 기)	祁(성할 기)	祇(토지의신 기)
	羈(굴레 기)	穊(갈 기)	肌(살 기)
	饑(주릴 기)	稘(일주년 기)	榿(오리나무 기)
긴	緊(긴요할 긴)		
길	吉(길할 길)	佶(건장할 길)	桔(도라지 길)
	姞(성 길)	拮(일할 길)	
김	金(성 김)		
끽	喫(마실 끽)		
나	那(어찌 나)	奈(어찌 나)	柰(어찌 나)
	娜(아리따울 나)	拏(붙잡을 나)	儺(역귀쫓을 나)
	喇(나팔 나)	懦(나약할 나)	拿(붙잡을 나)
	旀(깃발 날릴 나)	胗(성길 나)	挐(붙잡을 나)

한글	인명용 한자		
나	挪(옮길 나) 祋(많을 나)	梛(나무이름 나)	糯(찰벼 나)
낙	諾(대답할 낙)		
난	暖(따뜻할 난)	難(어려울 난)	煖(따뜻할 난)
날	捺(누를 날)	捏(이길 날)	
남	南(남녘 남) 湳(강이름 남)	男(사내 남) 枏(녹나무 남)	楠(녹나무 남)
납	納(바칠 납)	衲(기울 납)	
낭	娘(아가씨 낭)	囊(주머니 낭)	
내	內(안 내) 耐(견딜 내)	乃(이에 내) 柰(어찌 내)	奈(어찌 내)
녀	女(계집 녀)		
년	年(秊, 해 년)	撚(비틀 년)	
념	念(생각할 념) 捻(비틀 념)	恬(편안할 념)	拈(집을 념)
녕	寧(甯, 편안할 녕)	獰(모질 녕)	佞(아첨할 녕)
노	怒(성낼 노) 弩(쇠뇌 노)	奴(종 노) 瑙(마노 노)	努(힘쓸 노) 駑(둔할 노)
농	農(농사 농)	濃(짙을 농)	膿(고름 농)
뇨	尿(오줌 뇨)	鬧(시끄러울 뇨)	撓(어지러울 뇨)
눈	嫩(어릴 눈)		

한글	인명용 한자		
눌	訥(말더듬을 눌)		
뇌	腦(뇌 뇌)	惱(괴로워할 뇌)	
뉴	紐(끈 뉴)	鈕(섞일 뉴)	杻(감탕나무 뉴)
능	能(능할 능)		
니	泥(진흙 니) 濔(많을 니)	尼(중 니) 膩(기름질 니)	柅(무성할 니) 馜(진한향기 니)
닉	匿(숨을 닉)	溺(빠질 닉)	
다	多(밯, 많을 다) 察(깊을 다)	茶(차 다) 搽(차나무 다)	爹(아버지 다) 荖(마름 다)
단	丹(붉을 단) 短(짧을 단) 段(구분 단) 斷(끊을 단) 鍛(쇠불릴 단) 湍(여울 단) 袒(옷벗어멜 단) 旦(밝을 단)	但(다만 단) 端(바를 단) 壇(단 단) 團(둥글 단) 亶(믿음 단) 簞(대광주리 단) 鄲(나라이름 단)	單(홀 단) 旦(아침 단) 檀(박달나무 단) 緞(비단 단) 彖(단 단) 蛋(새알 단) 煓(불꽃성할 단)
달	達(통달할 달) 獺(수달 달)	撻(매질할 달) 疸(황달 달)	澾(미끄러울 달)
담	談(말씀 담) 擔(멜 담) 澹(담박할 담) 坍(무너질 담) 湛(즐길 담)	淡(묽을 담) 譚(이야기 담) 覃(미칠 담) 憺(편안할 담) 痰(가래 담)	潭(깊을 담) 膽(쓸개 담) 啖(먹을 담) 曇(흐릴 담) 藫(지모 담)

한글	인명용 한자
담	湛(즐길 담)　痰(가래 담)　蕁(지모 담) 聃(귓바퀴없을 담)　錟(창 담)　倓(고요할 담)
답	答(대답할 답)　畓(논 답)　踏(밟을 답) 沓(유창할 답)　遝(뒤섞일 답)
당	堂(집 당)　當(당할 당)　唐(당나라 당) 糖(사탕 당)　黨(무리 당)　塘(못 당) 鐺(쇠사슬 당)　撞(칠 당)　幢(깃발 당) 戇(어리석을 당)　棠(해당화 당)　螳(사마귀 당)
대	大(큰 대)　代(대신할 대)　待(기다릴 대) 對(대답할 대)　帶(띠 대)　臺(坮, 대 대) 貸(빌릴 대)　隊(무리 대)　垈(터 대) 玳(대모 대)　袋(자루 대)　戴(머리에일 대) 擡(抬, 대들 대)　旲(햇빛 대)　岱(대산 대) 黛(눈썹먹 대)
댁	宅(집 댁)
덕	德(悳·惪, 덕 덕)
도	刀(칼 도)　到(이를 도)　度(법도 도) 道(길 도)　島(嶋, 섬 도)　徒(무리 도) 都(도읍 도)　圖(그림 도)　倒(넘어질 도) 挑(휠 도)　桃(복숭아나무 도)　跳(뛸 도) 逃(달아날 도)　渡(건널 도)　陶(질그릇 도) 途(길 도)　稻(벼 도)　導(이끌 도) 盜(훔칠 도)　堵(담 도)　塗(진흙 도) 棹(노 도)　濤(큰물결 도)　燾(비출 도) 禱(빌 도)　鍍(도금할 도)　蹈(밟을 도)

한글	인명용 한자		
도	屠(잡을 도) 搗(찧을 도) 淘(물에일 도) 覩(볼 도) 酴(향내날 도)	悼(슬퍼할 도) 櫂(노 도) 睹(볼 도) 賭(걸 도)	掉(흔들 도) 滔(물넘칠 도) 萄(포도 도) 韜(감출 도)
독	讀(읽을 독) 督(살펴볼 독) 牘(편지 독) 纛(둑 독)	獨(홀로 독) 篤(도타울 독) 犢(송아지 독)	毒(독 독) 瀆(도랑 독) 禿(대머리 독)
돈	豚(돼지 돈) 惇(도타울 돈) 頓(조아릴 돈) 燉(성할 돈)	敦(도타울 돈) 暾(아침해 돈) 旽(밝을 돈)	墩(대 돈) 燉(이글거릴 돈) 沌(어두울 돈)
돌	突(갑자기 돌)	乭(이름 돌)	
동	同(소, 한가지 동) 冬(겨울 동) 銅(구리 동) 棟(용마루 동) 垌(항아리 동) 憧(그리워할 동) 朣(달뜰 동) 烔(더운기운 동)	洞(골짜기 동) 東(동녘 동) 桐(오동나무 동) 董(바로잡을 동) 瞳(눈동자 동) 疼(아플 동) 曈(동틀 동) 橦(나무이름 동)	童(아이 동) 動(움직일 동) 凍(얼 동) 潼(강이름 동) 蝀(무지개 동) 胴(큰창자 동) 彤(붉을 동)
두	斗(말 두) 杜(막을 두) 痘(천연두 두) 讀(구절 두)	豆(콩 두) 枓(주두 두) 竇(구멍 두) 逗(머무를 두)	頭(머리 두) 兜(투구 두) 荳(콩 두) 阧(치솟을 두)

한글	인명용 한자
둔	鈍(무딜 둔)　屯(진칠 둔)　遁(달아날 둔) 臀(볼기 둔)　芚(채소이름 둔)　遯(달아날 둔)
둘	乽(음역자 둘)
득	得(얻을 득)
등	等(가지런할 등)　登(오를 등)　燈(등잔 등) 藤(등나무 등)　謄(베낄 등)　騰(오를 등) 鄧(나라이름 등)　嶝(고개 등)　橙(등자나무 등)
라	羅(벌릴 라)　螺(소라 라)　喇(나팔 라) 懶(게으를 라)　癩(약물중독 라)　蘿(무 라) 裸(벌거벗을 라)　邏(순행할 라)　剆(칠 라) 覶(자세할 라)　摞(정돈할 라)　苶(열매 라)
락	落(떨어질 락)　樂(즐길 락)　洛(강이름 락) 絡(헌솜 락)　珞(구슬목걸이 락)　酪(진한유즙 락) 烙(지질 락)　駱(낙타 락)
란	卵(알 란)　亂(어지러울 란)　蘭(난초 란) 欄(난간 란)　爛(문드러질 란)　瀾(물결 란) 瓓(옥광채 란)　丹(붉을 란)　欒(나무이름 란) 鸞(난새 란)
랄	剌(어그러질 랄)　辣(매울 랄)
람	覽(볼 람)　藍(쪽 람)　濫(퍼질 람) 嵐(산기운 람)　攬(擥·擥, 가질 람) 欖(감람나무 람)　籃(바구니 람)　纜(닻줄 람) 襤(누더기 람)　婪(탐할 람)　姠(예쁠 람) 濫(넘칠 람)

한글	인명용 한자		
랍	拉(끌어갈 랍)	臘(납향 랍)	蠟(밀랍 랍)
랑	浪(물결 랑) 廊(복도 랑) 狼(이리 랑)	郞(郎, 사내 랑) 琅(옥이름 랑) 蜋(螂, 사마귀 랑)	朗(밝을 랑) 瑯(고을이름 랑) 烺(빛밝을 랑)
래	來(来・逨, 올 래) 倈(올 래)	崍(산이름 래)	萊(명아주 래)
랭	冷(찰 랭)		
략	略(다스릴 략)	掠(노략질할 략)	
량	良(어질 량) 涼(凉, 서늘할 량) 諒(믿을 량) 樑(들보 량)	兩(두 량) 梁(들보 량) 亮(밝을 량) 粱(기장 량)	量(헤아릴 량) 糧(粮, 양식 량) 倆(재주 량) 輛(수레 량)
려	旅(군사 려) 勵(힘쓸 려) 閭(마을 려) 廬(오두막집 려) 濾(거를 려) 蠣(굴 려)	麗(고울 려) 呂(음률 려) 黎(검을 려) 戾(어그러질 려) 礪(거친숫돌 려) 驢(나귀 려)	慮(생각할 려) 侶(짝 려) 儷(짝 려) 櫚(종려나무 려) 藜(나라이름 려) 驪(가라말 려)
력	力(힘 력) 瀝(거를 력) 靂(벼락 력)	歷(지낼 력) 礫(조약돌 력)	曆(책력 력) 轢(삐걱거릴 력)
련	連(잇닿을 련) 憐(불쌍히여길 련)	練(익힐 련) 聯(잇달 련)	鍊(불릴 련) 戀(사모할 련)

한글	인명용 한자		
련	蓮(연꽃 련) 攣(걸릴 련) 孌(예쁠 련)	煉(불릴 련) 漣(물놀이 련) 聯(이을 련)	璉(호련 련) 輦(손수레 련)
렬	列(벌일 렬) 劣(못할 렬)	烈(세찰 렬) 洌(맑을 렬)	裂(찢을 렬) 冽(찰 렬)
렴	廉(청렴할 렴) 斂(거둘 렴)	濂(엷을 렴) 殮(염할 렴)	簾(주렴 렴)
렵	獵(사냥 렵)		
령	令(명령할 령) 零(떨어질 령) 玲(옥소리 령) 昤(날빛영롱할 령) 怜(영리할 령) 笭(작은대바구니 령) 聆(들을 령) 泠(깨우칠 령)	領(옷깃 령) 靈(신령 령) 姈(계집슬기로울 령) 鈴(방울 령) 囹(감옥 령) 逞(굳셀 령) 翎(깃 령)	嶺(재 령) 伶(영리할 령) 齡(나이 령) 岺(岑, 고개 령) 羚(영양 령) 冷(서늘할 령)
례	例(법식 례) 醴(단술 례)	禮(礼, 예도 례) 隷(종 례)	澧(강이름 례)
로	路(길 로) 勞(일할 로) 盧(밥그릇 로) 擄(사로잡을 로) 瀘(강이름 로) 虜(虜, 사로잡을 로) 嚧(웃을 로)	露(이슬 로) 爐(화로 로) 鷺(해오라기 로) 櫓(방패 로) 蘆(갈대 로) 璐(아름다운옥 로)	老(늙은이 로) 魯(둔할 로) 撈(잡을 로) 潞(강이름 로) 輅(수레 로) 鹵(소금 로)

한글	인명용 한자		
록	綠(초록빛 록) 鹿(사슴 록) 菉(조개풀 록)	祿(복 록) 彔(나무깎을 록) 麓(산기슭 록)	錄(기록할 록) 碌(돌모양 록)
론	論(말할 론)		
롱	弄(희롱할 롱) 籠(대그릇 롱) 聾(귀머거리 롱)	瀧(비올 롱) 壟(언덕 롱)	瓏(옥소리 롱) 朧(흐릿할 롱)
뢰	雷(우레 뢰) 儡(꼭두각시 뢰) 賂(뇌물줄 뢰)	賴(頼, 힘입을 뢰) 牢(우리 뢰) 賚(줄 뢰)	瀨(여울 뢰) 磊(돌무더기 뢰)
료	料(헤아릴 료) 遼(멀 료) 燎(화톳불 료) 聊(즐거워할 료)	了(마칠 료) 寮(벼슬아치 료) 療(병고칠 료) 蓼(여뀌 료)	僚(동료 료) 廖(공허할 료) 瞭(밝을 료)
룡	龍(竜, 용 룡)		
루	屢(창 루) 淚(눈물 루) 婁(별이름 루) 蔞(쑥 루) 陋(좁을 루)	樓(다락 루) 漏(샐 루) 瘻(부스럼 루) 褸(남루할 루) 慺(정성스러울 루)	累(묶을 루) 壘(성채 루) 縷(실 루) 鏤(새길 루) 嶁(봉우리 루)
류	柳(버들 류) 類(무리 류) 硫(유황 류) 榴(석류나무 류) 瀏(맑을 류)	留(머무를 류) 劉(성 류) 瘤(혹 류) 溜(방울져떨어질 류) 謬(그릇될 류)	流(흐를 류) 琉(瑠, 유리 류) 旒(깃발 류)

한글	인명용 한자		
륙	六(여섯 륙)	陸(뭍 륙)	戮(죽일 륙)
륜	倫(인륜 륜) 崙(崘, 산이름 륜) 錀(금 륜)	輪(바퀴 륜) 綸(낚싯줄 륜)	侖(둥글 륜) 淪(물놀이 륜)
률	律(법 률) 慄(두려워할 률)	栗(밤나무 률) 嵂(가파를 률)	率(헤아릴 률)
륭	隆(높을 륭)		
륵	勒(굴레 륵)	肋(갈비 륵)	
름	凜(凛, 찰 름)	廩(곳집 름)	
릉	陵(큰언덕 릉) 稜(모날 릉)	綾(비단 릉) 凌(능가할 릉)	菱(마름 릉) 楞(楞, 네모질 릉)
리	里(마을 리) 梨(배나무 리) 離(离, 떠날 리) 俚(속될 리) 璃(유리 리) 唎(가는소리 리) 狸(삵쾡이 리) 罹(근심 리) 浬(물소리 리)	理(다스릴 리) 李(오얏, 자두 리) 裏(裡, 속 리) 莉(말리 리) 悧(俐, 영리할 리) 浬(해리 리) 痢(설사 리) 羸(여윌 리) 釐(바를 리)	利(이로울 리) 吏(벼슬아치 리) 履(밟을 리) 摛(펴질 리) 釐(厘, 다스릴 리) 犁(犂, 밭갈 리) 籬(울타리 리) 鯉(잉어 리)
린	鄰(隣, 이웃 린) 麟(麐, 기린 린) 藺(골풀 린) 撛(구원할 린)	潾(맑을 린) 吝(아낄 린) 躙(짓밟을 린) 鏻(굳셀 린)	璘(옥빛 린) 燐(도깨비불 린) 鱗(비늘 린) 獜(튼튼할 린)

한글	인명용 한자		
림	林(수풀 림) 琳(아름다운옥 림) 痳(깊을 림)	臨(임할 림) 淋(물뿌릴 림) 琳(알고자할 림)	霖(장마 림) 棽(무성할 림)
립	立(설 립) 砬(돌소리 립)	笠(삿갓 립)	粒(알 립)
마	馬(말 마) 瑪(마노 마) 碼(마노 마)	麻(삼 마) 摩(갈 마) 魔(마귀 마)	磨(갈 마) 痲(저릴 마) 媽(어미 마)
막	莫(없을 막) 寞(쓸쓸할 막)	幕(막 막) 膜(막 막)	漠(사막 막) 邈(멀 막)
만	萬(万, 일만 만) 慢(게으를 만) 曼(끌 만) 卍(만자 만) 彎(굽을 만) 瞞(속일 만) 鰻(뱀장어 만)	晚(저물 만) 漫(질펀할 만) 蔓(덩굴 만) 娩(해산할 만) 挽(당길 만) 輓(끌 만)	滿(찰 만) 蠻(오랑캐 만) 鏋(금 만) 巒(뫼 만) 灣(물굽이 만) 饅(만두 만)
말	末(끝 말) 抹(바를 말) 靺(버선 말)	茉(말리 말) 沫(거품 말)	耒(끝 말) 襪(버선 말)
망	亡(망할 망) 望(朢, 바랄 망) 罔(그물 망) 莽(莾, 우거질 망)	忙(바쁠 망) 茫(아득할 망) 網(그물 망) 輞(바퀴테 망)	忘(잊을 망) 妄(망령될 망) 芒(까끄라기 망) 邙(산이름 망)
매	每(매양 매)	買(살 매)	賣(팔 매)

한글	인명용 한자		
매	妹(누이 매) 媒(중매 매) 枚(줄기 매) 邁(갈 매)	梅(매화나무 매) 寐(잠잘 매) 煤(그을음 매) 魅(도깨비 매)	埋(묻을 매) 昧(새벽 매) 罵(욕할 매) 苺(딸기 매)
맥	麥(보리 맥) 陌(밭둑길 맥)	脈(맥 맥) 驀(말탈 맥)	貊(북방종족 맥)
맹	孟(맏 맹) 盲(소경 맹)	猛(사나울 맹) 萌(싹 맹)	盟(맹세할 맹) 氓(백성 맹)
멱	冪(덮을 멱)	覓(찾을 멱)	
면	免(면할 면) 眠(잠잘 면) 棉(목화 면) 緬(가는실 면)	勉(힘쓸 면) 綿(이어질 면) 沔(물흐를 면) 麪(麵, 밀가루 면)	面(낯 면) 冕(면류관 면) 眄(애꾸눈 면)
멸	滅(멸망할 멸)	蔑(업신여길 멸)	
명	名(이름 명) 鳴(울 명) 溟(어두울 명) 皿(그릇 명) 蓂(명협풀 명) 慏(너그러울 명) 鵬(초명새 명)	命(목숨 명) 銘(새길 명) 瞑(어두울 명) 瞑(눈감을 명) 螟(마디충 명) 洺(물이름 명)	明(밝을 명) 冥(어두울 명) 椧(홈통 명) 茗(차싹 명) 酩(술취할 명) 朙(밝을 명)
메	袂(소매 메)		
모	母(어미 모) 某(아무개 모)	毛(털 모) 謀(꾀할 모)	暮(저물 모) 模(법 모)

한글	인명용 한자		
모	矛(창 모)	貌(얼굴 모)	募(모을 모)
	慕(그리워할 모)	冒(무릅쓸 모)	摸(찾을 모)
	牟(보리 모)	謨(꾀 모)	侮(업신여길 모)
	姆(여스승 모)	帽(모자 모)	摹(베낄 모)
	牡(수컷 모)	瑁(서옥 모)	眸(눈동자 모)
	耗(줄 모)	芼(풀우거질 모)	茅(띠 모)
	橅(법 모)		
목	木(나무 목)	目(눈 목)	牧(칠 목)
	沐(머리감을 목)	睦(화목할 목)	穆(화목할 목)
	鶩(집오리 목)		
몰	沒(가라앉을 몰)	歿(죽을 몰)	
몽	夢(꿈 몽)	蒙(입을 몽)	朦(풍부할 몽)
묘	卯(토끼 묘)	妙(玅, 묘할 묘)	苗(모 묘)
	廟(사당 묘)	墓(무덤 묘)	描(그릴 묘)
	錨(닻 묘)	畝(이랑 묘)	杳(어두울 묘)
	昴(별자리이름 묘)	渺(아득할 묘)	猫(고양이 묘)
무	戊(다섯째천간 무)	茂(우거질 무)	武(굳셀 무)
	務(일 무)	無(无, 없을 무)	舞(춤출 무)
	貿(바꿀 무)	霧(안개 무)	拇(엄지손가락 무)
	珷(옥돌 무)	畝(이랑 무)	撫(어루만질 무)
	懋(힘쓸 무)	巫(무당 무)	憮(어루만질 무)
	楙(무성할 무)	毋(말 무)	繆(얽을 무)
	蕪(거칠어질 무)	誣(무고할 무)	鵡(앵무새 무)
	橅(법 무)		
묵	墨(먹 묵)	默(묵묵할 묵)	

한글	인명용 한자		
문	門(문 문) 文(글월 문) 紋(무늬 문) 吻(입술 문) 雯(구름무늬 문)	問(물을 문) 汶(더럽힐 문) 們(들 문) 紊(어지러울 문) 抆(닦을 문)	聞(들을 문) 炆(따뜻할 문) 刎(목벨 문) 蚊(모기 문)
물	勿(말 물)	物(만물 물)	沕(아득할 물)
미	米(쌀 미) 美(아름다울 미) 微(작을 미) 薇(고비 미) 媄(빛고울 미) 梶(나무끝 미) 謎(수수께끼 미) 躾(예절가르칠 미) 嫩(착하고아름다울 미) 渼(강이름 미)	未(아닐 미) 尾(꼬리 미) 眉(눈썹 미) 彌(弥, 두루 미) 媚(아첨할 미) 楣(문미 미) 靡(쓰러질 미) 瀰(많을 미) 侎(어루만질 미)	味(맛 미) 迷(미혹할 미) 漢(물놀이 미) 嵄(깊은산 미) 嵋(산이름 미) 湄(물가 미) 黴(곰팡이 미) 媚(빛날 미) 娓(장황할 미) 瑂(옥돌 미)
민	民(백성 민) 玟(옥돌 민) 閔(위문할 민) 岷(산이름 민) 攻(힘쓸 민) 澗(물졸졸흘러내릴 민) 泯(망할 민) 頣(강할 민) 閩(종족이름 민)	敏(재빠를 민) 旻(하늘 민) 珉(瑉・砇・磻, 옥돌 민) 忞(忟, 힘쓸 민) 愍(근심할 민) 悶(번민할 민) 鈱(돈꿰미 민) 盿(볼 민)	憫(근심할 민) 敯(화락할 민) 暋(총명할 민) 暋(굳셀 민) 頣(강할 민) 緡(낚싯줄 민) 脗(꼭맞을문 민)
밀	密(빽빽할 밀)	蜜(꿀 밀)	謐(고요할 밀)

한글	인명용 한자		
박	泊(머무를 박) 朴(순박할 박) 珀(호박 박) 鉑(금박 박) 樸(통나무 박) 縛(묶을 박) 駁(얼룩말 박)	拍(칠 박) 博(넓을 박) 撲(칠 박) 舶(큰배 박) 箔(발 박) 膊(포 박)	迫(닥칠 박) 薄(엷을 박) 璞(옥돌 박) 剝(벗길 박) 粕(지게미 박) 雹(우박 박)
반	反(되돌릴 반) 般(돌 반) 返(돌아올 반) 畔(물가 반) 磐(너럭바위 반) 攀(더위잡을 반) 泮(학교 반) 磻(강이름 반) 蟠(서릴 반)	飯(밥 반) 盤(소반 반) 叛(배반할 반) 頒(나눌 반) 拌(버릴 반) 斑(얼룩 반) 瘢(흉터 반) 槃(명반 반) 豳(얼룩 반)	半(반 반) 班(나눌 반) 伴(짝 반) 潘(쌀뜨물 반) 搬(옮길 반) 槃(쟁반 반) 盼(눈예쁠 반) 絆(줄 반)
발	發(쏠 발) 潑(뿌릴 발) 勃(우쩍일어날 발) 醱(술괼 발)	拔(뺄 발) 鉢(바리때 발) 撥(다스릴 발) 魃(가물귀신 발)	髮(터럭 발) 渤(바다이름 발) 跋(밟을 발)
방	方(모 방) 放(놓을 방) 傍(곁 방) 邦(나라 방) 昉(마침 방) 尨(삽살개 방)	房(방 방) 訪(찾을 방) 妨(방해할 방) 坊(동네 방) 龐(클 방) 幫(幚, 도울 방)	防(막을 방) 芳(꽃다울 방) 倣(본뜰 방) 彷(거닐 방) 榜(매 방) 旁(두루 방)

한글	인명용 한자
방	枋(다목 방)　滂(비퍼부을 방)　紡(실뽑을 방) 磅(돌떨어지는소리 방)　肪(기름 방) 膀(쌍배 방)　舫(배 방)　蒡(인동덩굴 방) 蚌(방합 방)　謗(헐뜯을 방)
배	拜(절 배)　杯(盃, 잔 배)　倍(곱 배) 培(북돋을 배)　配(아내 배)　排(밀칠 배) 輩(무리 배)　背(등 배)　陪(쌓아올릴 배) 裵(裴, 성 배)　湃(물결이는모양 배) 俳(광대 배)　徘(노닐 배)　焙(불에쬘 배) 胚(아이밸 배)　褙(속적삼 배)　賠(물어줄 배) 北(달아날 배)
백	白(흰 백)　百(일백 백)　伯(맏 백) 柏(栢, 나무이름 백)　佰(일백 백) 帛(비단 백)　魄(넋 백)　苩(성(姓) 백)
번	番(차례 번)　煩(괴로워할 번)　繁(많을 번) 飜(翻, 펄럭일 번) 蕃(우거질 번)　幡(깃발 번) 樊(울타리 번)　燔(구울 번)　磻(강이름 번) 藩(덮을 번)
벌	伐(칠 벌)　罰(형벌 벌)　閥(공훈 벌) 筏(뗏목 벌)
범	凡(무릇 범)　犯(범할 범)　範(법 범) 汎(뜰 범)　帆(돛 범)　机(수부나무 범) 氾(넘칠 범)　范(풀이름 범)　梵(범어 범) 泛(뜰 범)　釩(떨칠 범)　渢(풍류소리 범)
법	法(법 법)　琺(법랑 법)

한글	인명용 한자		
벽	壁(벽 벽) 闢(열 벽) 擘(엄지손가락 벽) 癖(버릇 벽)	碧(푸를 벽) 僻(후미질 벽) 檗(蘗, 황벽나무 벽) 霹(벼락 벽)	璧(둥근옥 벽) 劈(쪼갤 벽) 辟(임금 벽)
변	變(변할 변) 邊(가 변) 便(문득 변)	辯(말잘할 변) 卞(조급할 변) 釆(분별할 변)	辨(분별할 변) 弁(고깔 변)
별	別(나눌 별) 鼈(鱉, 자라 별) 莂(모종낼 별)	瞥(언뜻볼 별) 襒(옷털 별)	鷩(금계 별) 馝(향기날 별)
병	丙(남녘 병) 竝(並, 아우를 병) 倂(아우를 병) 軿(가벼운수레 병) 昞(昺, 밝을 병) 餠(떡 병)	病(병 병) 屛(병풍 병) 甁(병 병) 炳(밝을 병) 秉(잡을 병) 骿(나란히할 병)	兵(군사 병) 幷(并, 함께 병) 鉼(鈃, 가마솥 병) 柄(棅, 자루 병) 抦(잡을 병)
보	保(지킬 보) 普(널리 보) 寶(宝·珤·琛, 보배 보) 甫(클 보) 潽(끓을 보) 褓(포대기 보)	步(歩, 보걸음 보) 譜(족보 보) 輔(도울 보) 洑(보 보) 俌(도울 보)	報(갚을 보) 補(도울 보) 堡(작은성 보) 菩(보리 보) 湺(보 보) 玨(옥그릇 보)
복	福(복 복) 復(돌아올 복) 卜(점 복)	伏(엎드릴 복) 腹(배 복) 馥(향기 복)	服(옷 복) 複(겹칠 복) 鍑(솥 복)

한글	인명용 한자		
복	僕(종 복) 茯(복령 복) 輹(복토 복)	匐(길 복) 葍(무 복) 輻(바큇살 복)	宓(성 복) 覆(뒤집힐 복) 鰒(전복 복)
본	本(근본 본)		
볼	乶(음역자 볼)		
봉	奉(받들 봉) 蜂(벌 봉) 俸(녹 봉) 烽(봉화 봉) 鋒(칼끝 봉) 逢(漨, 내이름 봉)	逢(만날 봉) 封(봉할 봉) 捧(받들 봉) 棒(몽둥이 봉) 熢(연기자욱할 봉)	峯(峰, 봉우리 봉) 鳳(봉황새 봉) 琫(칼집장식 봉) 蓬(쑥 봉) 縫(꿰맬 봉)
부	夫(지아비 부) 富(넉넉할 부) 否(아닐 부) 符(부신 부) 腐(썩을 부) 簿(장부 부) 賦(구실 부) 傅(스승 부) 復(다시 부) 剖(쪼갤 부) 孵(알을깔 부) 腑(장부 부) 訃(부고 부) 釜(가마 부) 鳧(오리 부)	扶(도울 부) 部(거느릴 부) 浮(뜰 부) 附(붙을 부) 負(질 부) 膚(살갗 부) 桴(미쁠 부) 溥(넓을 부) 不(아닐 부) 咐(분부할 부) 斧(도끼 부) 艀(작은배 부) 賻(부의 부) 阜(언덕 부)	父(아비 부) 婦(며느리 부) 付(줄 부) 府(마을 부) 副(버금 부) 赴(나아갈 부) 芙(연꽃 부) 敷(펼 부) 俯(구부릴 부) 埠(선창 부) 缶(장군 부) 莩(풀이름 부) 跗(책상다리할 부) 駙(부마 부)

한글	인명용 한자		
북	北(북녘 북)		
분	分(나눌 분)	紛(어지러워질 분)	粉(가루 분)
	奔(달릴 분)	墳(무덤 분)	憤(성낼 분)
	奮(떨칠 분)	汾(클 분)	芬(향기로울 분)
	盆(동이 분)	噴(뿜을 분)	噴(뿜을 분)
	忿(성낼 분)	扮(꾸밀 분)	昐(햇빛 분)
	焚(불사를 분)	糞(똥 분)	賁(클 분)
	雰(안개 분)		
불	不(아닐 불)	佛(부처 불)	弗(아닐 불)
	拂(떨 불)	彿(비슷할 불)	
붕	朋(벗 붕)	崩(무너질 붕)	鵬(대붕새 붕)
	棚(시렁 붕)	硼(붕산 붕)	繃(묶을 붕)
비	比(견줄 비)	非(아닐 비)	悲(슬플 비)
	飛(날 비)	鼻(코 비)	備(갖출 비)
	批(칠 비)	卑(낮을 비)	婢(여자종 비)
	碑(돌기둥 비)	妃(왕비 비)	肥(살찔 비)
	祕(秘, 숨길 비)	費(쓸 비)	庇(덮을 비)
	枇(비파나무 비)	琵(비파 비)	扉(문짝 비)
	譬(비유할 비)	丕(클 비)	匕(비수 비)
	匪(아닐 비)	憊(고달플 비)	斐(오락가락할 비)
	榧(비자나무 비)	毖(삼갈 비)	毗(毘, 도울 비)
	沸(끓을 비)	泌(샘물흐르는모양 비)	
	痺(암메추라기 비)	砒(비상 비)	秕(쭉정이 비)
	粃(쭉정이 비)	緋(붉은빛 비)	翡(물총새 비)
	脾(지라 비)	臂(팔 비)	菲(엷을 비)
	蜚(바퀴 비)	裨(도울 비)	誹(헐뜯을 비)

한글	인명용 한자		
비	鄙(인색할 비) 丕(클 비)	榧(비자나무 비)	庀(다스릴 비)
빈	貧(가난할 빈) 彬(份, 빛날 빈) 嬪(아내 빈) 璸(구슬이름 빈) 檳(빈랑나무 빈) 瀕(물가 빈) 繽(성할 빈) 贇(예쁠 빈)	賓(손 빈) 斌(빛날 빈) 檳(빈랑나무 빈) 玭(구슬이름 빈) 殯(염할 빈) 牝(암컷 빈) 邠(나라이름 빈) 鑌(강철 빈)	頻(자주 빈) 濱(물가 빈) 儐(인도할 빈) 顰(찡그릴 빈) 浜(물가 빈) 邠(빛날 빈) 霦(옥광채 빈) 擯(물리칠 빈)
빙	氷(얼음 빙) 騁(달릴 빙)	聘(찾아갈 빙)	憑(기댈 빙)
사	四(넉 사) 仕(벼슬할 사) 使(시킬 사) 謝(사례할 사) 私(사사로울 사) 事(일 사) 蛇(뱀 사) 賜(줄 사) 社(토지의신 사) 査(조사할 사) 斯(이 사) 砂(모래 사) 娑(춤출 사) 嗣(이을 사)	巳(뱀 사) 寺(절 사) 舍(집 사) 師(스승 사) 絲(실 사) 司(맡을 사) 捨(버릴 사) 斜(비낄 사) 沙(모래 사) 寫(베낄 사) 祀(제사 사) 糸(가는실 사) 徙(옮길 사) 赦(용서할 사)	士(선비 사) 史(역사 사) 射(쏠 사) 死(죽을 사) 思(생각할 사) 詞(말씀 사) 邪(간사할 사) 詐(속일 사) 似(같을 사) 辭(말 사) 泗(물이름 사) 紗(깁 사) 奢(사치할 사) 乍(잠깐 사)

한글	인명용 한자		
사	些(적을 사) 傞(잘게부술 사) 梭(북 사) 獅(사자 사) 肆(방자할 사) 裟(가사 사) 麝(사향노루 사)	伺(엿볼 사) 唆(부추길 사) 渣(찌끼 사) 祠(사당 사) 莎(향부자 사) 飼(먹일 사)	俟(기다릴 사) 柶(수저 사) 瀉(쏟을 사) 篩(체 사) 蓑(도롱이 사) 駟(사마 사)
삭	削(깎을 삭) 索(동아줄 삭)	朔(초하루 삭) 爍(빛날 삭)	數(자주 삭) 鑠(녹일 삭)
산	山(뫼 산) 算(셀 산) 傘(우산 산) 疝(산증 산) 祘(셀 산)	産(낳을 산) 酸(초 산) 刪(깎을 산) 蒜(달래 산) 產(낳을 산)	散(흩어질 산) 珊(산호 산) 汕(오구 산) 霰(싸락눈 산)
살	殺(죽일 살) 撒(뿌릴 살)	薩(보살 살) 煞(죽일 살)	乷(음역자 살)
삼	三(석 삼) 蔘(인삼 삼) 滲(스밀 삼)	森(나무빽빽할 삼) 杉(삼나무 삼) 芟(벨 삼)	參(석 삼) 衫(적삼 삼)
삽	挿(揷, 꽂을 삽) 颯(바람소리 삽)	澁(떫을 삽)	鈒(창 삽)
상	上(윗 상) 賞(상줄 상) 霜(서리 상) 喪(죽을 상)	尙(오히려 상) 商(장사 상) 想(생각할 상) 嘗(맛볼 상)	常(항상 상) 相(서로 상) 傷(상처 상) 裳(치마 상)

한글	인명용 한자		
상	詳(자세할 상) 象(코끼리 상) 償(갚을 상) 湘(강이름 상) 爽(시원할 상) 峠(고개 상) 觴(잔 상) 塽(성품이밝을 상)	祥(상서로울 상) 像(형상 상) 狀(형상 상) 箱(상자 상) 塽(높고밝은땅 상) 廂(행랑 상) 樣(상수리 상) 潒(세찰 상)	床(牀, 상 상) 桑(뽕나무 상) 庠(학교 상) 翔(높이날 상) 孀(과부 상) 橡(상수리나무 상) 牀(평상 상)
새	塞(변방 새)	璽(도장 새)	賽(굿할 새)
색	色(빛 색) 穡(거둘 색)	索(찾을 색) 塞(막힐 색)	嗇(아낄 색)
생	生(날 생) 省(덜 생)	牲(희생 생) 笙(생황 생)	甥(생질 생)
서	西(서녘 서) 署(관청 서) 徐(천천히할 서) 暑(더울 서) 舒(펼 서) 棲(栖・捿, 깃들일 서) 壻(婿, 사위 서) 嶼(與, 섬 서) 絮(솜 서) 逝(갈 서) 鼠(쥐 서) 惰(지혜 서) 湑(거를 서)	序(차례 서) 敍(叙・敘, 차례 서) 庶(여러 서) 緖(실마리 서) 瑞(상서 서) 諝(謂, 슬기 서) 犀(무소 서) 胥(縃, 서로 서) 鋤(호미 서) 偦(재주있을 서) 揟(고기잡을 서)	書(쓸 서) 恕(恕, 용서할 서) 抒(풀 서) 曙(새벽 서) 誓(맹세할 서) 墅(농막 서) 筮(점대 서) 薯(참마 서) 黍(기장 서) 嬃(아름다울 서) 悆(느슨해질 서)

한글	인명용 한자		
석	石(돌 석) 惜(아낄 석) 釋(풀 석) 汐(조수 석) 秳(섬 석) 潟(개펄 석) 鼫(석서 석)	夕(저녁 석) 席(자리 석) 碩(클 석) 淅(일 석) 鉐(놋쇠 석) 蓆(자리 석)	昔(옛 석) 析(가를 석) 奭(클 석) 晳(晣, 밝을 석) 錫(주석 석) 舄(신 석)
선	先(먼저 선) 鮮(고울 선) 選(가릴 선) 禪(봉선 선) 瑄(도리옥 선) 膳(饍, 반찬 선) 璿(아름다운옥 선) 璇(아름다운옥 선) 嫙(예쁠 선) 煽(부칠 선) 蘚(이끼 선) 跣(맨발 선) 洒(엄숙할 선)	仙(신선 선) 善(착할 선) 宣(베풀 선) 扇(부채 선) 愃(쾌할 선) 繕(기울 선) 羨(부러워할 선) 銑(무쇠 선) 僊(춤출 선) 癬(옴 선) 蟬(매미 선) 鐥(좋은쇠 선)	線(줄 선) 船(배 선) 旋(돌 선) 渲(바림 선) 墡(백토 선) 琁(옥 선) 嬋(고울 선) 珗(옥돌 선) 敾(글잘쓸 선) 腺(샘 선) 詵(많을 선) 饍(반찬 선)
설	雪(눈 설) 舌(혀 설) 薛(성씨 설) 泄(샐 설) 褻(더러울 설) 蔎(향풀 설)	說(말씀 설) 卨(离, 사람이름 설) 楔(문설주 설) 洩(샐 설) 齧(물 설) 偰(맑을 설)	設(베풀 설) 屑(가루 설) 渫(파낼 설) 契(사람이름 설)

한글	인명용 한자		
섬	纖(가늘 섬)	暹(해돋을 섬)	蟾(두꺼비 섬)
	剡(땅이름 섬)	殲(다죽일 섬)	贍(넉넉할 섬)
	閃(번쩍할 섬)	陝(고을이름 섬)	
섭	涉(건널 섭)	燮(불꽃 섭)	攝(당길 섭)
	葉(땅이름 섭)	欇(삿자리 섭)	紗(비단 섭)
성	姓(성 성)	性(성품 성)	成(成, 이룰 성)
	城(城, 성 성)	誠(誠, 정성 성)	盛(盛, 담을 성)
	省(살필 성)	星(별 성)	聖(성스러울 성)
	聲(소리 성)	晟(晟·晠, 밝을 성)	
	珹(옥이름 성)	娍(아름다울 성)	瑆(옥빛 성)
	惺(영리할 성)	醒(깰 성)	宬(서고 성)
	猩(성성이 성)	筬(베틀 성)	腥(비릴 성)
	貹(재물 성)	胜(비릴 성)	
세	世(세상 세)	洗(씻을 세)	稅(세금 세)
	細(가늘 세)	勢(기세 세)	歲(해 세)
	貰(세낼 세)	笹(조릿대 세)	說(달랠 세)
	忕(익숙해질 세)	洒(씻을 세)	涗(잿물 세)
	姻(조용할 세)		
소	小(작을 소)	少(적을 소)	所(바 소)
	消(사라질 소)	素(흴 소)	笑(咲, 웃을 소)
	召(부를 소)	昭(밝을 소)	蘇(깨어날 소)
	騷(떠들 소)	燒(불태울 소)	訴(하소연할 소)
	掃(쓸 소)	疎(트일 소)	蔬(푸성귀 소)
	沼(늪 소)	炤(밝을 소)	紹(이을 소)
	邵(고을이름 소)	韶(풍류이름 소)	巢(집 소)
	疏(疎, 트일 소)	遡(溯, 거슬러올라갈 소)	

한글	인명용 한자		
소	柖(나무흔들릴 소)	嘯(휘파람불 소)	霄(䨭, 하늘 소)
	玿(아름다운옥 소)	塑(토우 소)	宵(밤 소)
	搔(긁을 소)	梳(빗 소)	瀟(강이름 소)
	瘙(종기 소)	穌(甦, 긁어모을 소)	篠(조릿대 소)
	簫(퉁소 소)	蕭(맑은대쑥 소)	逍(거닐 소)
	銷(녹일 소)	愫(정성 소)	邵(높을 소)
속	俗(풍속 속)	速(빠를 속)	續(이을 속)
	束(묶을 속)	粟(조 속)	屬(엮을 속)
	涑(헹굴 속)	謖(일어날 속)	贖(속바칠 속)
손	孫(손자 손)	損(덜 손)	遜(겸손할 손)
	巽(손괘 손)	蓀(향풀이름 손)	飧(飱, 저녁밥 손)
솔	率(거느릴 솔)	帥(거느릴 솔)	乺(솔 솔)
송	松(소나무 송)	送(보낼 송)	訟(송사할 송)
	頌(기릴 송)	誦(욀 송)	宋(송나라 송)
	淞(강이름 송)	悚(두려워할 송)	竦(삼갈 송)
쇄	刷(쓸 쇄)	鎖(鏁, 쇠사슬 쇄)	殺(빠를 쇄)
	灑(뿌릴 쇄)	碎(부술 쇄)	
쇠	衰(쇠할 쇠)	釗(사람이름 쇠)	
수	水(물 수)	手(손 수)	受(받을 수)
	授(줄 수)	首(머리 수)	守(지킬 수)
	收(거둘 수)	誰(누구 수)	須(모름지기 수)
	雖(비록 수)	愁(시름 수)	樹(나무 수)
	壽(寿, 목숨 수)	數(셀 수)	修(脩, 닦을 수)
	秀(빼어날 수)	囚(가둘 수)	需(구할 수)
	帥(장수 수)	殊(다를 수)	隨(따를 수)

한글	인명용 한자		
수	輸(나를 수)	獸(짐승 수)	睡(잘 수)
	邃(이를 수)	洙(강이름 수)	琇(옥돌 수)
	銖(무게단위 수)	垂(드리울 수)	粹(순수할 수)
	穗(穂, 이삭 수)	繡(수놓을 수)	隋(수나라 수)
	髓(골수 수)	搜(찾을 수)	袖(소매 수)
	嗽(기침할 수)	嫂(형수 수)	峀(뫼, 산굴 수)
	戍(지킬 수)	漱(양치질할 수)	燧(부싯돌 수)
	狩(사냥 수)	璲(패옥 수)	瘦(파리할 수)
	豎(竪, 세울 수)	綏(편안할 수)	綬(인끈 수)
	羞(바칠 수)	茱(수유 수)	蒐(모을 수)
	蓚(수산 수)	藪(늪 수)	讎(讐, 원수 수)
	邃(깊을 수)	酬(갚을 수)	銹(녹슬 수)
	隧(길 수)	鬚(수염 수)	睢(濉, 물이름 수)
	瓍(구슬 수)	鵐(솔개 수)	賥(재물 수)
	晬(바로볼 수)		
숙	叔(아재비 숙)	淑(맑을 숙)	宿(묵을 숙)
	孰(누구 숙)	熟(익을 숙)	肅(엄숙할 숙)
	塾(글방 숙)	琡(옥이름 숙)	璹(옥그릇 숙)
	橚(나무줄지어설 숙)		夙(일찍 숙)
	潚(빠를 숙)	菽(콩 숙)	
순	順(순할 순)	純(순수할 순)	旬(열흘 순)
	殉(따라죽을 순)	盾(방패 순)	循(돌 순)
	脣(입술 순)	瞬(눈깜짝일 순)	巡(돌 순)
	洵(참으로 순)	珣(옥이름 순)	荀(풀이름 순)
	筍(죽순 순)	舜(뛰어날 순)	淳(순박할 순)
	焞(밝을 순)	諄(타이를 순)	錞(악기이름 순)

한글	인명용 한자		
순	醇(순후할 순) 栒(가름대나무 순) 蒓(순채 순) 馴(길들일 순)	洵(주창할 순) 楯(난간 순) 蕣(무궁화 순)	恂(정성 순) 橓(무궁화나무 순) 詢(물을 순)
술	戌(개 술) 銂(돗바늘 술)	述(지을 술)	術(재주 술)
숭	崇(높을 숭)	嵩(높을 숭)	崧(우뚝솟을 숭)
슬	瑟(큰거문고 슬) 蝨(이 슬)	膝(무릎 슬)	璱(푸른구슬 슬)
습	習(익힐 습) 襲(엄습할 습)	拾(주울 습) 褶(주름 습)	濕(축축할 습)
승	乘(탈 승) 升(되 승) 丞(정승 승) 蠅(파리 승) 塍(밭두둑 승)	承(이을 승) 昇(오를 승) 陞(阩, 오를 승) 縢(잉아 승)	勝(이길 승) 僧(중 승) 繩(줄 승) 永(받들 승)
시	市(저자 시) 時(때 시) 施(베풀 시) 矢(화살 시) 恃(믿을 시) 媤(시집 시) 屍(주검 시) 翅(날개 시)	示(보일 시) 詩(시 시) 試(시험할 시) 侍(모실 시) 匙(숟가락 시) 尸(주검 시) 弑(죽일 시) 蒔(모종낼 시)	是(옳을 시) 視(볼 시) 始(처음 시) 柴(섶 시) 嘶(울 시) 屎(똥 시) 猜(시기할 시) 蓍(시초 시)

한글	인명용 한자		
시	諡(시호 시) 偲(굳셀 시) 媞(복 시) 偲(책선할 시)	豕(돼지 시) 翅(날개칠 시) 柹(柿·柿, 감나무 시)	豺(승냥이 시) 諰(이 시) 禔(복 시)
식	食(먹을 식) 識(알 식) 栻(점치는기구 식) 軾(수레앞턱가로나무 식) 拭(닦을 식) 蝕(좀먹을 식)	式(법 식) 息(숨쉴 식) 埴(찰흙 식) 熄(꺼질 식) 殖(번성할 식)	植(심을 식) 飾(꾸밀 식) 湜(물맑을 식) 寔(이 식) 篒(대밥통 식)
신	身(몸 신) 臣(신하 신) 新(새 신) 愼(삼갈 신) 薪(섶나무 신) 侁(걷는모양 신) 宸(집 신) 藎(조개풀 신) 璶(옥돌 신)	申(원숭이 신) 信(믿을 신) 伸(펼 신) 紳(큰띠 신) 迅(빠를 신) 呻(끙끙거릴 신) 燼(깜부기불 신) 蜃(무명조개 신)	神(귀신 신) 辛(매울 신) 晨(새벽 신) 莘(긴모양 신) 訊(물을 신) 娠(애밸 신) 腎(콩팥 신) 辰(날 신)
실	失(잃을 실) 悉(다 실)	室(집 실)	實(実, 열매 실)
심	心(마음 심) 尋(찾을 심) 沈(가라앉을 심) 諶(참 심)	甚(심할 심) 審(살필 심) 瀋(즙 심)	深(깊을 심) 沁(스며들 심) 芯(등심초 심)

한글	인명용 한자
십	十(열 십)　　什(열 사람 십)　　拾(열 십)
쌍	雙(双, 쌍 쌍)
씨	氏(성 씨)
아	兒(児, 아이 아)　　我(나 아)　　牙(어금니 아) 芽(싹 아)　　雅(우아할 아)　　亞(亜, 버금 아) 阿(언덕 아)　　餓(굶주릴 아)　　娥(예쁠 아) 峨(峩, 높을 아)　　衙(마을 아)　　妸(여자의자 아) 俄(갑자기 아)　　啞(벙어리 아)　　莪(지칭개 아) 蛾(나방 아)　　訝(맞을 아)　　鴉(갈가마귀 아) 鵝(거위 아)　　婀(娿, 아리따울 아) 婭(동서 아)　　砑(갈 아)　　皒(흰 빛 아) 硪(바위 아)　　哦(읊조릴 아)
악	惡(악할 악)　　岳(큰산 악)　　樂(풍류 악) 堊(흰흙 악)　　嶽(큰산 악)　　幄(휘장 악) 愕(놀랄 악)　　握(쥘 악)　　渥(두터울 악) 鄂(땅이름 악)　　鍔(칼날 악)　　顎(턱 악) 鰐(악어 악)　　齷(악찰할 악)
안	安(편안할 안)　　案(桉, 책상 안)　　顔(얼굴 안) 眼(눈 안)　　岸(언덕 안)　　雁(鴈, 기러기 안) 晏(늦을 안)　　按(누를 안)　　鞍(안장 안) 鮟(아귀 안)　　姲(종용할 안)　　婩(고울 안) 贋(불빛 안)
알	謁(뵐 알)　　斡(관리할 알)　　軋(삐걱거릴 알) 閼(가로막을 알)

한글	인명용 한자		
암	暗(어두울 암) 菴(풀이름 암) 闇(어두울 암)	巖(岩, 바위 암) 唵(머금을 암)	庵(암자 암) 癌(암 암)
압	壓(누를 압) 狎(익숙할 압)	押(누를 압)	鴨(오리 압)
앙	仰(우러를 앙) 昂(昻, 오를 앙) 秧(모 앙)	央(가운데 앙) 鴦(원앙 앙)	殃(재앙 앙) 怏(원망할 앙)
애	愛(사랑 애) 厓(언덕 애) 埃(티끌 애) 隘(좁을 애) 唉(물을 애)	哀(슬플 애) 崖(언덕 애) 曖(희미할 애) 靄(아지랑이 애) 焂(빛날 애)	涯(물가 애) 艾(쑥 애) 礙(碍, 꺼리낄 애) 睚(넉넉할 애)
액	厄(재앙 액) 扼(누를 액) 腋(겨드랑이 액)	額(이마 액) 掖(겨드랑이 액)	液(진 액) 縊(목맬 액)
앵	鶯(꾀꼬리 앵) 鸚(앵무새 앵)	櫻(앵두나무 앵)	罌(양병 앵)
야	也(어조사 야) 耶(어조사 야) 惹(이끌 야) 爺(아비 야)	夜(밤 야) 冶(불릴 야) 揶(揶, 희롱할 야) 若(반야 야)	野(埜, 들 야) 倻(땅이름 야) 椰(야자나무 야)
약	弱(약할 약) 藥(약 약)	若(같을 약) 躍(뛸 약)	約(약속할 약) 葯(구리때잎 약)

한글	인명용 한자		
약	蒻(부들 약)		
양	羊(양 양)	洋(바다 양)	養(기를 양)
	揚(敭, 오를 양)	陽(昜, 볕 양)	讓(사양할 양)
	壤(흙 양)	樣(모양 양)	楊(버들 양)
	襄(도울 양)	孃(계집애 양)	漾(출렁거릴 양)
	佯(거짓 양)	恙(근심 양)	攘(물리칠 양)
	暘(해돋이 양)	瀁(내이름 양)	煬(쬘 양)
	痒(앓을 양)	瘍(종기 양)	禳(제사이름 양)
	穰(풍족할 양)	釀(빚을 양)	椋(푸조나무 양)
어	魚(물고기 어)	漁(고기잡을 어)	於(어조사 어)
	語(말씀 어)	御(모실 어)	圄(감옥 어)
	瘀(병 어)	禦(막을 어)	馭(말 부릴 어)
	齬(어긋날 어)	唹(고요히웃을 어)	
억	億(억 억)	憶(생각할 억)	抑(누를 억)
	檍(감탕나무 억)	臆(가슴 억)	
언	言(말씀 언)	焉(어찌 언)	諺(상말 언)
	彦(彥, 선비 언)	偃(쓰러질 언)	堰(방죽 언)
	嫣(아리따울 언)		
얼	孼(서자 얼)	蘖(그루터기 얼)	糵(糱, 누룩 얼)
엄	嚴(厳, 엄할 엄)	奄(가릴 엄)	俺(나 엄)
	掩(가릴 엄)	儼(의젓할 엄)	淹(담글 엄)
	龑(고명할 엄)		
업	業(업 업)	嶪(높고험할 업)	
엔	円(화폐단위 엔)		

한글	인명용 한자		
여	余(나 여) 汝(너 여) 輿(수레 여) 礜(돌이름 여) 轝(수레 여)	餘(남을 여) 與(줄 여) 歟(어조사 여) 艅(배이름 여) 妤(아름다울 여)	如(같을 여) 予(나 여) 璵(옥 여) 茹(먹을 여) 悆(잊을 여)
역	亦(또 역) 譯(통변할 역) 疫(염병 역) 繹(풀어낼 역)	易(바꿀 역) 驛(역참 역) 域(지경 역)	逆(거스를 역) 役(부릴 역) 晹(해반짝날 역)
연	然(그러할 연) 硯(䂫, 벼루 연) 燕(제비 연) 宴(잔치 연) 緣(인연 연) 姸(妍, 고울 연) 沇(강이름 연) 娫(빛날 연) 捐(버릴 연) 涎(침 연) 曣(청명할 연) 兗(兖, 올바를 연) 莚(벋을 연, 풀이름 연, 대자리 연)	煙(烟, 연기 연) 延(끌 연) 沿(따를 연) 軟(輭, 연할 연) 衍(넘칠 연) 姢(娟, 예쁠 연) 筵(대자리 연) 嚥(삼킬 연) 挻(늘일 연) 縯(길 연) 嬿(얌전할 연) 嬿(아름다울 연)	硏(갈 연) 燃(탈 연) 鉛(납 연) 演(익힐 연) 淵(渊, 못 연) 涓(시내 연) 瑌(옥돌 연) 堧(빈터 연) 椽(서까래 연) 鳶(솔개 연) 醼(잔치 연) 瑌(옥돌 연)
열	熱(더울 열) 閱(검열할 열)	悅(기쁠 열) 咽(목멜 열)	說(기꺼울 열) 澨(물흐를모양 열)
염	炎(불탈 염)	染(물들일 염)	鹽(소금 염)

한글	인명용 한자
염	琰(옥갈 염)　　艶(艷, 고울 염)　　厭(싫을 염) 焰(불당길 염)　　苒(풀우거질 염)　　閻(마을 염) 髥(구레나룻 염)
엽	葉(잎 엽)　　燁(빛날 엽)　　曄(빛날 엽) 熀(불빛이글거릴 엽)
영	永(길 영)　　英(꽃부리 영)　　迎(맞이할 영) 榮(栄・荣, 영화로울 영)　　泳(헤엄칠 영) 詠(읊을 영)　　營(경영할 영)　　影(그림자 영) 映(暎, 비출 영)　　渶(물이름 영)　　煐(빛날 영) 瑛(옥빛 영)　　瑩(밝을 영)　　盈(찰 영) 濴(濚, 물졸졸흐를 영)　　楹(기둥 영) 鍈(방울소리 영)　　嬰(갓난아이 영)　　穎(이삭 영) 瓔(구슬목걸이 영)　　咏(읊을 영)　　塋(무덤 영) 嶸(가파를 영)　　潁(강이름 영)　　瀛(바다 영) 纓(갓끈 영)　　霙(진눈깨비 영)　　贏(찰 영) 憕(지킬 영)　　蠑(영원 영)　　朠(달빛 영)
예	藝(埶・芸, 기예 예)　　豫(미리 예) 譽(기릴 예)　　銳(날카로울 예)　　預(미리 예) 叡(睿・容・壡, 밝을 예)　　芮(나라이름 예) 乂(벨 예)　　倪(어린이 예)　　刈(벨 예) 曳(끌 예)　　汭(물굽이 예)　　濊(깊을 예) 猊(사자 예)　　穢(더러울 예)　　裔(후손 예) 詣(이를 예)　　霓(무지개 예)　　堄(성가퀴 예) 橤(드리워질 예)　　玴(옥돌 예)　　嫕(유순할 예) 蓺(심을 예)　　蕊(蘂, 꽃술 예)　　鷖(아름다울 예)

한글	인명용 한자		
예	乂(사람이름 예) 藝(재주 예)	濊(고요할 예)	艾(다스릴 예)
오	五(다섯 오) 午(낮 오) 汚(더러울 오) 梧(벽오동나무 오) 吳(나라이름 오) 晤(밝을 오) 塢(둑 오) 惡(미워할 오) 澳(깊을 오) 筽(버들고리 오) 浯(강이름 오)	吾(나 오) 誤(그르칠 오) 嗚(탄식소리 오) 傲(거만할 오) 旿(밝을 오) 奧(속 오) 墺(물가 오) 懊(한할 오) 熬(볶을 오) 鼇(鰲, 자라 오) 燠(불 오)	悟(깨달을 오) 烏(까마귀 오) 娛(즐거워할 오) 伍(대오 오) 珸(옥돌 오) 俉(맞이할 오) 寤(깰 오) 敖(놀 오) 獒(개 오) 蜈(지네 오)
옥	玉(구슬 옥) 沃(기름질 옥)	屋(집 옥) 鈺(보배 옥)	獄(옥 옥)
온	溫(따뜻할 온) 穩(稳, 평온할 온) 蘊(쌓을 온)	瑥(사람이름 온) 瘟(염병 온) 昷(媼, 어질 온)	媼(할미 온) 縕(헌솜 온) 穩(기온 온)
올	兀(우뚝할 올)		
옹	翁(늙은이 옹) 擁(안을 옹) 癰(등창 옹)	雍(누그러질 옹) 瓮(독 옹) 邕(화할 옹)	壅(막을 옹) 甕(독 옹) 饔(아침밥 옹)
와	瓦(기와 와) 窩(움집 와)	臥(누울 와) 窪(웅덩이 와)	渦(소용돌이 와) 蝸(달팽이 와)

한글	인명용 한자		
와	蛙(개구리 와)	訛(그릇될 와)	
완	完(완전할 완)	緩(느릴 완)	玩(희롱할 완)
	垸(바를 완)	浣(빨 완)	莞(왕골 완)
	琓(옥이름 완)	琬(홀 완)	婉(순할 완)
	婠(품성좋을 완)	宛(굽을 완)	梡(도마 완)
	椀(주발 완)	碗(주발 완)	翫(가지고놀 완)
	脘(밥통 완)	腕(팔 완)	豌(완두 완)
	阮(관이름 완)	頑(완고할 완)	妧(고울 완)
	岏(가파를 완)	鋺(주발 완)	
왈	曰(가로 왈)		
왕	王(임금 왕)	往(갈 왕)	旺(성할 왕)
	汪(넓을 왕)	枉(굽을 왕)	
왜	倭(왜나라 왜)	娃(예쁠 왜)	歪(비뚤 왜)
	矮(키작을 왜)		
외	外(밖 외)	畏(두려워할 외)	嵬(높을 외)
	巍(높을 외)	猥(함부로 외)	
요	要(구할 요)	腰(허리 요)	搖(흔들 요)
	遙(멀 요)	謠(노래 요)	夭(어릴 요)
	堯(요임금 요)	饒(넉넉할 요)	曜(빛날 요)
	耀(빛날 요)	瑤(아름다운옥 요)	姚(예쁠 요)
	僥(바랄 요)	凹(오목할 요)	妖(요망할 요)
	嶢(높을 요)	拗(꺾을 요)	擾(어지러울 요)
	橈(꺾을 요)	燿(빛날 요)	窈(그윽할 요)
	窯(가마 요)	繇(역사 요)	繞(두를 요)

한글	인명용 한자		
요	蟯(요충 요) 樂(좋아할 요)	邀(맞을 요)	曜(밝을 요)
욕	欲(하고자할 욕) 辱(욕보일 욕)	浴(목욕할 욕) 縟(가늘 욕)	慾(욕심 욕) 褥(이부자리요 욕)
용	用(쓸 용) 庸(쓸 용) 瑢(패옥소리 용) 涌(湧, 샘솟을 용) 鏞(종 용) 甬(길 용) 冗(冗, 쓸데없을 용) 聳(솟을 용)	容(얼굴 용) 溶(녹을 용) 榕(뱅골보리수 용) 埇(길돋을 용) 茸(무성할 용) 俑(허수아비 용) 俗(혁혁할 용)	勇(날랠 용) 鎔(熔, 녹일 용) 蓉(연꽃 용) 踊(뛸 용) 墉(담 용) 傭(품팔이 용) 慂(권할 용) 槦(나무이름 용)
우	于(어조사 우) 友(벗 우) 憂(근심할 우) 遇(만날 우) 愚(어리석을 우) 佑(도울 우) 瑀(패옥 우) 隅(모퉁이 우) 迂(멀 우) 盂(바리 우) 芋(토란 우) 雩(기우제 우) 俁(공경할 우)	宇(집 우) 牛(소 우) 又(또 우) 羽(깃 우) 偶(짝 우) 祐(도울 우) 寓(머무를 우) 玗(옥돌 우) 霸(젖을 우) 禑(복 우) 藕(연뿌리 우) 扜(당길 우) 燠(위로할 우)	右(오른쪽 우) 雨(宋, 비 우) 尤(더욱 우) 郵(역참 우) 優(넉넉할 우) 禹(하우씨 우) 堣(땅이름 우) 釪(악기이름 우) 盱(클 우) 紆(굽을 우) 虞(헤아릴 우) 圩(오목할 우) 惆(기쁠 우)

한글	인명용 한자		
우	邘(땅이름 우)	俁(클 우)	
욱	旭(아침해 욱)	昱(빛날 욱)	煜(빛날 욱)
	郁(성할 욱)	頊(삼갈 욱)	彧(무성할 욱)
	勖(힘쓸 욱)	栯(산앵두 욱)	燠(따뜻할 욱)
	稶(稢, 서직무성할 욱)		
운	云(이를 운)	雲(구름 운)	運(운전할 운)
	韻(운 운)	沄(소용돌이칠 운)	澐(큰물결일 운)
	耘(김맬 운)	賱(넉넉할 운)	夽(높을 운)
	暈(무리 운)	橒(나무무늬 운)	殞(죽을 운)
	熉(노란모양 운)	芸(향초이름 운)	蕓(평지 운)
	隕(떨어질 운)	篔(簫, 왕대 운)	賥(떨어질 운)
울	蔚(고을이름 울)	鬱(답답할 울)	亐(땅이름 울)
	菀(무성할 울)		
웅	雄(수컷 웅)	熊(곰 웅)	
원	元(으뜸 원)	原(근원 원)	願(바랄 원)
	遠(멀 원)	園(동산 원)	怨(원망할 원)
	圓(둥글 원)	員(負, 수효 원)	源(근원 원)
	援(도울 원)	院(집 원)	袁(옷이길 원)
	垣(담 원)	洹(강이름 원)	沅(강이름 원)
	瑗(도리옥 원)	媛(미인 원)	嫄(미녀 원)
	愿(삼갈 원)	苑(나라동산 원)	轅(끌채 원)
	婉(예쁠 원)	冤(寃, 원통할 원)	湲(물흐를 원)
	爰(이에 원)	猿(원숭이 원)	阮(관이름 원)
	鴛(원앙 원)	褑(패옥띠 원)	肒(희미할 원)
	杬(나무이름 원)	鋺(저울판 원)	笎(대무늬 원)

한글	인명용 한자		
월	月(달 월)	越(넘을 월)	鉞(도끼 월)
위	位(자리 위) 偉(훌륭할 위) 謂(이를 위) 衛(지킬 위) 慰(위로할 위) 韋(무두질한가죽 위) 暐(햇빛 위) 萎(마를 위) 蝟(고슴도치 위)	危(위태할 위) 威(위엄 위) 圍(둘레 위) 違(어길 위) 僞(거짓 위) 渭(강이름 위) 葦(갈대 위) 禕(아름다울 위)	爲(할 위) 胃(밥통 위) 緯(씨줄 위) 委(맡길 위) 尉(벼슬 위) 瑋(옥이름 위) 魏(나라이름 위) 蔿(애기풀 위) 衞(지킬 위)
유	由(말미암을 유) 有(있을 유) 遊(놀 유) 幼(어릴 유) 維(맬 유) 裕(넉넉할 유) 悠(멀 유) 宥(용서할 유) 喩(깨우칠 유) 瑜(아름다운옥 유) 濡(뉴, 적실 유) 攸(바 유) 孺(젖먹이 유) 游(헤엄칠 유) 萸(수유 유) 踰(넘을 유)	油(기름 유) 猶(오히려 유) 柔(부드러울 유) 幽(그윽할 유) 乳(젖 유) 誘(꾈 유) 侑(권할 유) 丣(곳집 유) 楡(느릅나무 유) 呦(교요할 유) 愉(즐거울 유) 瑈(옥돌 유) 揄(끌 유) 癒(병나을 유) 諛(아첨할 유) 蹂(밟을 유)	酉(닭 유) 唯(오직 유) 遺(끼칠 유) 惟(생각할 유) 儒(선비 유) 愈(나을 유) 洧(강이름 유) 兪(俞, 대답할 유) 柚(유자나무 유) 狖(꾀할 유) 釉(곡식무성할 유) 釉(광택 유) 榆(느릅나무 유) 臾(잠깐 유) 諭(깨우칠 유) 逾(넘을 유)

한글	인명용 한자		
유	鍮(놋쇠 유) 囿(동산 유) 姷(짝 유)	曘(햇빛 유) 牖(들창 유)	懊(아리따울 유) 逌(웃을 유)
육	肉(고기 육) 毓(기를 육)	育(기를 육)	堉(기름진땅 육)
윤	閏(閠·閆, 윤달 윤) 尹(다스릴 윤) 鈗(병기 윤) 贇(예쁠 윤) 昀(햇빛 윤)	允(진실로 윤) 胤(亂, 이을 윤) 奫(물깊고넓을 윤)	潤(젖을 윤) 玧(붉은구슬 윤) 阭(높을 윤) 垧(연뿌리 윤)
율	聿(붓 율) 建(걸어가는모양 율)	燏(빛날 율)	汩(흐를 율) 潏(사주 율)
융	融(화할 융) 瀜(물이깊고넓은모양 융)	戎(오랑캐 융)	絨(융 융)
은	恩(은혜 은) 垠(끝 은) 溵(강이름 은) 濦(강이름 은) 㻴(옥 은) 檼(대마루 은) 蒑(풀빛푸른 은) 憖(억지로 은)	銀(은 은) 殷(성할 은) 珢(옥돌 은) 億(기댈 은) 圻(지경 은) 檃(바로잡을 은) 溵(물가 은)	隱(숨길 은) 誾(誾, 온화할 은) 憖(괴로워할 은) 听(웃을 은) 蘟(은총 은) 訢(화평할 은) 蒽(풀이름 은)
을	乙(새 을)	圪(흙더미우뚝할 을)	
음	音(소리 음)	吟(읊을 음)	飮(마실 음)

한글	인명용 한자		
음	陰(그늘 음) 愔(조용할 음)	淫(음란할 음) 馨(소리화할 음)	蔭(그늘 음)
읍	邑(고을 읍)	泣(울 읍)	揖(읍할 읍)
응	應(응할 응) 凝(엉길 응)	膺(가슴 응) 臕(볼 응)	鷹(매 응)
의	衣(옷 의) 議(의논할 의) 意(뜻 의) 疑(의심할 의) 毅(굳셀 의) 椅(의나무 의) 蟻(개미 의)	依(의지할 의) 矣(어조사 의) 宜(마땅할 의) 倚(의지할 의) 擬(헤아릴 의) 艤(배댈 의)	義(옳을 의) 醫(의원 의) 儀(거동 의) 誼(옳을 의) 懿(아름다울 의) 薏(율무 의)
이	二(두 이) 已(이미 이) 異(다를 이) 珥(귀걸이 이) 弛(늦출 이) 彝(彛, 떳떳할 이) 痍(상처 이) 荑(벨 이) 飴(엿 이) 胛(힘줄이질길 이) 鳾(제비 이)	貳(두 이) 耳(귀 이) 移(옮길 이) 伊(저 이) 怡(기쁠 이) 頤(턱 이) 肄(익힐 이) 貽(끼칠 이) 媐(기쁠 이) 姨(여자의자 이)	以(써 이) 而(말이을 이) 夷(오랑캐 이) 易(쉬울 이) 爾(너 이) 姨(이모 이) 苡(질경이 이) 邇(가까울 이) 栭(나무이름 이) 珆(옥돌 이)
익	益(더할 익) 瀷(강이름 익)	翼(날개 익) 謚(웃을 익)	翊(도울 익) 翌(다음날 익)

한글	인명용 한자
익	熤(빛날 익)
인	人(사람 인)　引(끌 인)　因(인할 인) 仁(忈·忎, 어질 인)　忍(참을 인) 認(인정할 인)　寅(동방 인)　印(도장 인) 刃(칼날 인)　姻(혼인 인)　咽(목구멍 인) 湮(잠길 인)　絪(기운 인)　茵(자리 인) 蚓(지렁이 인)　朝(靭, 질길 인)　靷(가슴걸이 인) 敒(梀, 작은북 인)　芢(씨 인)　牣(찰 인) 汹(젖어맞붙을 인)　璌(사람이름 인)　朄(등심 인) 氤(기운어릴 인)　儿(어진사람 인)　諲(공경할 인)
일	一(한 일)　日(날 일)　壹(한 일) 逸(逸, 편안할 일)　溢(넘칠 일)　鎰(중량 일) 馹(역말 일)　佾(춤 일)　佚(편안할 일)
임	壬(아홉째천간 임)　　　　　任(맡길 임) 賃(품팔이 임)　妊(姙, 아이밸 임)　稔(곡식익을 임) 恁(생각할 임)　荏(들깨 임)　誂(생각할 임)
입	入(들 입)　廿(卄, 스물 입)
잉	剩(남을 잉)　仍(인할 잉)　孕(아이밸 잉) 芿(새풀싹 잉)
자	子(아들 자)　字(글자 자)　自(스스로 자) 者(사람 자)　姊(姉, 손위누이 자)　玆(이 자) 雌(암컷 자)　紫(자줏빛 자)　資(재물 자) 姿(맵시 자)　恣(방자할 자)　刺(찌를 자) 仔(자세할 자)　滋(불을 자)　磁(자석 자)

한글	인명용 한자		
자	藉(깔개 자) 孜(힘쓸 자) 疵(흠 자) 諮(물을 자)	瓷(사기그릇 자) 炙(고기구울 자) 茨(가시나무 자) 秄(북을돋울 자)	咨(물을 자) 煮(삶을 자) 蔗(사탕수수 자) 慈(사랑할 자)
작	作(지을 작) 爵(벼슬 작) 雀(참새 작) 嚼(씹을 작) 綽(너그러울 작)	昨(어제 작) 灼(구울 작) 鵲(까치 작) 斫(벨 작) 舃(신석 작)	酌(따를 작) 芍(함박꽃 작) 勺(구기 작) 炸(터질 작)
잔	殘(해칠 잔) 潺(물흐르는소리 잔)	孱(잔약할 잔)	棧(잔도 잔) 盞(잔 잔)
잠	潛(潜, 잠길 잠) 箴(바늘 잠)	蠶(누에 잠) 岑(봉우리 잠)	暫(잠시 잠) 簪(비녀 잠)
잡	雜(섞일 잡)		
장	長(길 장) 將(将, 장차 장) 張(베풀 장) 裝(꾸밀 장) 葬(장사지낼 장) 藏(감출 장) 腸(창자 장) 奘(클 장) 璋(홀 장) 蔣(줄 장) 欌(장롱 장)	章(글 장) 壯(壮, 씩씩할 장) 帳(휘장 장) 奬(奨, 장려할 장) 粧(단장할 장) 臟(내장 장) 匠(장인 장) 漳(강이름 장) 暲(해돋을 장) 仗(무기 장) 漿(미음 장)	場(마당 장) 丈(어른 장) 莊(庄, 씩씩할 장) 墻(牆, 담 장) 掌(손바닥 장) 障(가로막을 장) 杖(지팡이 장) 樟(녹나무 장) 薔(장미 장) 檣(돛대 장) 狀(형상 장)

한글	인명용 한자		
장	獐(노루 장)	臧(착할 장)	贓(장물 장)
	醬(간장 장)		
재	才(재주 재)	材(재목 재)	財(재물 재)
	在(있을 재)	栽(심을 재)	再(두 재)
	哉(어조사 재)	災(재앙 재)	裁(마를 재)
	載(실을 재)	宰(재상 재)	梓(가래나무 재)
	縡(일 재)	齋(재계할 재)	渽(맑을 재)
	滓(찌끼 재)	賷(가져올 재)	賳(재물 재)
	捚(손바닥에받을 재)		
쟁	爭(다툴 쟁)	錚(쇳소리 쟁)	箏(쟁 쟁)
	諍(간할 쟁)		
저	著(나타날 저)	貯(쌓을 저)	低(밑 저)
	底(바닥 저)	抵(거스를 저)	苧(모시 저)
	邸(집 저)	楮(닥나무 저)	沮(막을 저)
	佇(우두커니 저)	儲(쌓을 저)	咀(씹을 저)
	姐(누이 저)	杵(공이 저)	樗(가죽나무 저)
	渚(물가 저)	狙(원숭이 저)	猪(돼지 저)
	疽(등창 저)	箸(젓가락 저)	紵(모시 저)
	菹(채소절임 저)	藷(사탕수수 저)	詛(저주할 저)
	躇(머뭇거릴 저)	這(이 저)	雎(물수리 저)
	齟(어긋날 저)		
적	的(과녁 적)	赤(붉을 적)	適(갈 적)
	敵(원수 적)	笛(피리 적)	滴(물방울 적)
	摘(딸 적)	寂(고요할 적)	籍(서적 적)
	賊(도둑 적)	跡(자취 적)	蹟(자취 적)

한글	인명용 한자		
적	積(쌓을 적) 勣(공적 적) 狄(오랑캐 적) 荻(물억새 적) 鏑(살촉 적)	績(길쌈할 적) 吊(이를 적) 炙(고기구울 적) 謫(꾸짖을 적)	迪(나아갈 적) 嫡(정실 적) 翟(꿩 적) 迹(자취 적)
전	田(밭 전) 前(앞 전) 電(번개 전) 專(오로지 전) 栓(나무못 전) 琠(귀막이 전) 殿(큰집 전) 雋(새살찔 전) 剪(가위 전) 悛(고칠 전) 煎(달일 전) 筌(통발 전) 篆(전자 전) 鈿(비녀 전) 餞(전별할 전)	全(온전할 전) 展(펼 전) 錢(돈 전) 轉(구를 전) 詮(설명할 전) 甸(경기 전) 奠(제사지낼 전) 顚(정수리 전) 塼(벽돌 전) 氈(담 전) 畑(화전 전) 箋(글 전) 纏(얽힐 전) 鐫(새길 전)	典(법 전) 戰(싸울 전) 傳(전할 전) 佺(신선이름 전) 銓(저울질 전) 塡(메울 전) 荃(겨자무침 전) 佃(밭갈 전) 廛(가게 전) 澱(앙금 전) 癲(미칠 전) 箭(화살 전) 輾(구를 전) 顫(떨릴 전)
절	節(마디 절) 折(꺾을 절) 浙(강이름 절)	絶(絕, 끊을 절) 晢(밝을 절) 癤(부스럼 절)	切(끊을 절) 截(끊을 절) 竊(훔칠 절)
점	店(가게 점) 點(点・奌, 점 점)	占(차지할 점) 岾(땅이름 점)	漸(점점 점) 粘(끈끈할 점)

한글	인명용 한자		
점	霑(젖을 점)	鮎(메기 점)	
접	接(사귈 접)	蝶(나비 접)	摺(접을 접)
정	丁(고무래 정)	停(머무를 정)	頂(정수리 정)
	井(우물 정)	正(바를 정)	政(정사 정)
	定(정할 정)	貞(곧을 정)	精(정할 정)
	情(뜻 정)	靜(静, 고요할 정)	淨(깨끗할 정)
	庭(뜰 정)	亭(정자 정)	訂(바로잡을 정)
	廷(조정 정)	程(단위 정)	征(칠 정)
	整(가지런할 정)	汀(물가 정)	玎(옥소리 정)
	町(밭두둑 정)	呈(드릴 정)	桯(탁자 정)
	珵(옥이름 정)	婷(단정할 정)	偵(정탐할 정)
	湞(물이름 정)	幀(그림족자 정)	楨(광나무 정)
	禎(상서 정)	玷(옥홀 정)	挺(뺄 정)
	綎(띠술 정)	鼎(솥 정)	晶(밝을 정)
	叕(해뜨는모양 정)	柾(나무바를 정)	淀(얕은물 정)
	錠(제기이름 정)	鋌(쇳덩이 정)	鄭(나라이름 정)
	靖(편안할 정)	靚(단장할 정)	鋥(칼갈 정)
	炡(빛날 정)	淳(물결 정)	釘(못 정)
	涏(곧을 정)	頲(아름다울 정)	婷(예쁠 정)
	旌(기 정)	檉(능수버들 정)	瀞(맑을 정)
	睛(눈동자 정)	碇(닻 정)	穽(함정 정)
	艇(작은배 정)	諪(조정할 정)	酊(술취할 정)
	霆(천둥소리 정)	彭(조촐하게꾸밀 정)	
	埩(밭갈 정)	佂(두려워할 정)	姃(정숙할 정)
	梃(막대기 정)	胜(이름 정)	眐(바라볼 정)
	朾(칠 정)	灯(등잔 정)	靘(검푸른빛 정)

한글	인명용 한자		
정	鉦(징 정)		
제	弟(아우 제)	第(차례 제)	祭(제사 제)
	帝(임금 제)	題(표제 제)	除(덜 제)
	諸(모두 제)	製(지을 제)	提(끌 제)
	堤(방죽 제)	制(억제할 제)	際(사이 제)
	齊(가지런할 제)	濟(济, 건널 제)	悌(공경할 제)
	梯(사다리 제)	媞(옥이름 제)	劑(약지을 제)
	啼(울 제)	臍(배꼽 제)	薺(냉이 제)
	蹄(굽 제)	醍(맑은술 제)	霽(갤 제)
	媞(안존할 제)	儕(무리 제)	禔(복 제)
조	兆(조짐 조)	早(일찍 조)	造(만들 조)
	鳥(새 조)	調(고를 조)	朝(아침 조)
	助(도울 조)	祖(조상 조)	弔(조상할 조)
	燥(마를 조)	操(잡을 조)	照(비출 조)
	條(가지 조)	潮(조수 조)	租(세금 조)
	組(끈 조)	彫(새길 조)	措(둘 조)
	晁(아침 조)	窕(정숙할 조)	祚(복 조)
	趙(나라 조)	肇(칠 조)	詔(고할 조)
	釣(낚시 조)	曹(曺, 성씨 조)	遭(만날 조)
	眺(바라볼 조)	俎(도마 조)	凋(시들 조)
	嘲(비웃을 조)	棗(枣, 대추나무 조)	爪(손톱 조)
	漕(배로실어나를 조)		稠(빽빽할 조)
	璪(면류관드림옥 조)		粗(거칠 조)
	糟(지게미 조)	繰(야청통견 조)	藻(말 조)
	蚤(벼룩 조)	躁(성급할 조)	阻(험할 조)
	雕(새길 조)	昭(비출 조)	槽(구유 조)

이동우 성명학 전서

한글	인명용 한자		
족	足(발 족)	族(겨레 족)	簇(조릿대 족)
	鏃(살촉 족)		
존	存(있을 존)	尊(높을 존)	
졸	卒(군사 졸)	拙(졸할 졸)	猝(갑자기 졸)
종	宗(마루 종)	種(씨 종)	鐘(종 종)
	終(끝날 종)	從(좇을 종)	縱(늘어질 종)
	倧(신인 종)	琮(옥홀 종)	淙(물소리 종)
	樅(棕, 종려나무 종)		悰(즐길 종)
	綜(모을 종)	瑽(패옥소리 종)	鍾(종 종)
	慫(권할 종)	腫(부스럼 종)	踪(踪, 자취 종)
	踵(발꿈치 종)	柊(나무이름 종)	
좌	左(왼 좌)	坐(앉을 좌)	佐(도울 좌)
	座(자리 좌)	挫(꺾을 좌)	
죄	罪(허물 죄)		
주	主(주인 주)	注(물댈 주)	住(살 주)
	朱(붉을 주)	宙(집 주)	走(달릴 주)
	酒(술 주)	晝(낮 주)	舟(배 주)
	周(두루 주)	株(그루 주)	州(고을 주)
	洲(섬 주)	柱(기둥 주)	胄(맏아들 주)
	奏(아뢸 주)	湊(모일 주)	炷(심지 주)
	註(주해 주)	珠(구슬 주)	鑄(부어만들 주)
	疇(밭두둑 주)	週(돌 주)	逎(遒, 닥칠 주)
	駐(머무를 주)	姝(예쁠 주)	澍(단비 주)
	姝(예쁠 주)	侏(난쟁이 주)	做(지을 주)

한글	인명용 한자		
주	呪(빌 주) 籌(산가지 주) 綢(얽힐 주) 躊(머뭇거릴 주) 燽(밝을 주) 賙(밝을 주) 絑(붉을 주)	喅(부추길 주) 紂(껑거리끈 주) 蛛(거미 주) 輳(모일 주) 鉒(쇳돌 주) 邾(나라이름 주) 賍(재물 주)	廚(부엌 주) 紬(명주 주) 誅(벨 주) 酎(진한술 주) 拄(떠받칠 주) 聏(귀 주)
죽	竹(대 죽)	粥(죽 죽)	
준	準(准, 평평할 준) 峻(높을 준) 埈(陵, 가파를 준) 畯(농부 준) 濬(睿, 깊을 준) 埻(과녁 준) 樽(술통 준) 純(옷선 준) 僔(모일 준) 迿(앞설 준)	俊(준걸 준) 浚(깊을 준) 焌(태울 준) 駿(준마 준) 雋(영특할 준) 隼(새매 준) 蠢(꿈틀거릴 준) 儁(클 준) 晙(볼 준) 憃(어수선할 준)	遵(좇을 준) 晙(밝을 준) 竣(마칠 준) 准(승인할 준) 儁(준걸 준) 寯(준걸 준) 逡(물러갈 준) 蹲(기뻐할 준) 餕(대궁 준) 儁(준걸 준)
줄	茁(풀처음나는모양 줄)		
중	中(가운데 중) 仲(버금 중)	重(무거울 중)	衆(무리 중)
즉	卽(即, 곧 즉)		
즐	櫛(빗 즐)		
즙	汁(즙 즙)	楫(노 즙)	葺(기울 즙)

한글	인명용 한자		
증	曾(일찍 증) 憎(미워할 증) 蒸(찔 증) 拯(건질 증)	增(더할 증) 贈(보낼 증) 烝(김오를 증) 繒(비단 증)	證(증거 증) 症(증세 증) 甑(시루 증)
지	只(다만 지) 止(그칠 지) 地(땅 지) 至(이를 지) 池(못 지) 遲(늦을 지) 址(터 지) 祗(공경할 지) 識(새길 지) 枳(탱자나무 지) 肢(사지 지) 識(표할 지) 漬(섬 지) 馶(굳셀 지)	支(지탱할 지) 之(갈 지) 指(손가락 지) 紙(종이 지) 誌(기록할 지) 旨(뜻 지) 祉(복 지) 芝(지초 지) 脂(기름 지) 漬(담글 지) 芷(구리때 지) 贄(폐백 지) 泜(붙을 지)	枝(가지 지) 知(知, 알 지) 志(뜻 지) 持(가질 지) 智(㣿, 지혜 지) 沚(물가 지) 趾(발 지) 摯(잡을 지) 咫(길이 지) 砥(숫돌 지) 蜘(거미 지) 厎(숫돌 지) 吱(가는소리 지)
직	直(곧을 직) 稙(일찍심은벼 직)	職(직책 직)	織(짤 직) 稷(기장 직)
진	辰(별 진) 盡(尽, 다할 진) 陳(베풀 진) 晉(晋, 나아갈 진) 瑱(귀막이옥 진) 秦(나라이름 진)	眞(真, 참 진) 振(떨칠 진) 陣(진칠 진) 瑨(瑨, 아름다운돌 진) 津(나루 진) 軫(수레뒤턱나무 진)	進(나아갈 진) 鎭(진압할 진) 珍(鉁, 보배 진) 璡(옥돌 진)

한글	인명용 한자		
진	震(진동할 진) 診(볼 진) 賑(구휼할 진) 唇(놀랄 진) 桭(대청 진) 畛(논두렁길 긴) 縉(꽂을 진) 袗(홑옷 진) 昣(밝을 진) 儘(다할 진)	塵(티끌 진) 縝(삼실 진) 溱(많을 진) 瞋(성낼 진) 榛(개암나무 진) 疹(홍역 진) 臻(이를 진) 晙(밝을 진) 枃(바디 진) 槇(결고울 진)	禛(복받을 진) 塡(오랠 진) 抮(되돌릴 진) 搢(꽂을 진) 殄(다할 진) 瞋(부릅뜰 진) 蓁(사철쑥 진) 蓁(우거질 진) 稹(빽빽할 진)
질	質(바탕 질) 姪(조카 질) 叱(꾸짖을 질) 桎(차꼬 질) 蛭(거머리 질)	秩(차례 질) 瓆(사람이름 질) 嫉(시기할 질) 窒(막을 질) 跌(넘어질 질)	疾(병 질) 侄(어리석을 질) 帙(책 질) 膣(질 질) 迭(갈마들 질)
짐	斟(술따를 짐)	朕(나 짐)	
집	集(모일 집) 潗(濈, 샘솟을 집) 鏶(판금 집)	執(잡을 집) 楫(노 집) 緝(낳을 집)	什(세간 집) 輯(모을 집)
징	徵(부를 징)	懲(혼날 징)	澄(맑을 징)
차	且(또 차) 借(빌 차) 叉(깍지낄 차) 嗟(탄식할 차) 箚(찌를 차)	次(버금 차) 差(어긋날 차) 瑳(깨끗할 차) 嵯(우뚝솟을 차) 茶(차 차)	此(이 차) 車(수레 차) 佽(심심할 차) 磋(갈 차) 蹉(넘어질 차)

한글	인명용 한자
차	遮(막을 차)　硨(조개이름 차)　韀(관대할 차) 姹(자랑할 차)
착	着(붙을 착)　錯(섞일 착)　捉(잡을 착) 搾(짤 착)　窄(좁을 착)　鑿(뚫을 착) 齪(악착할 착)
찬	贊(賛, 도울 찬)　讚(讃, 기릴 찬)　撰(지을 찬) 纂(모을 찬)　粲(정미 찬)　澯(맑을 찬) 燦(빛날 찬)　璨(빛날 찬)　瓚(제기 찬) 纘(이을 찬)　鑽(끌 찬)　竄(숨을 찬) 餐(먹을 찬)　饌(반찬 찬)　攢(모일 찬) 巑(높이솟을 찬)　儹(儧, 모을 찬)　篡(簒, 빼앗을 찬) 欑(모을 찬)
찰	察(살필 찰)　札(패 찰)　刹(절 찰) 擦(비빌 찰)　紮(감을 찰)
참	參(간여할 참)　慘(참혹할 참)　僭(참람할 참) 慙(慚, 부끄러울 참)　　　　　　　塹(구덩이 참) 斬(벨 참)　站(역마을 참)　讒(참소할 참) 讖(참서 참)　懺(뉘우칠 참)
창	昌(창성할 창)　唱(노래 창)　窓(창 창) 倉(곳집 창)　創(비롯할 창)　蒼(푸를 창) 滄(찰 창)　暢(펼 창)　菖(창포 창) 昶(밝을 창)　彰(밝을 창)　敞(높을 창) 廠(헛간 창)　倡(광대 창)　愴(슬퍼할 창) 娼(몸파는여자 창)　槍(창 창)　漲(불을 창) 猖(미쳐날뛸 창)　瘡(부스럼 창)　脹(배부를 창)

한글	인명용 한자		
창	艙(선창 창)		
채	菜(나물 채)	採(캘 채)	彩(무늬 채)
	債(빚 채)	采(캘 채)	埰(영지 채)
	寀(녹봉 채)	蔡(나라이름 채)	綵(비단 채)
	砦(울타리 채)	砦(울타리 채)	釵(비녀 채)
	琗(구슬빛 채)	棌(참나무 채)	婇(여자이름 채)
	睬(주목할 채)	責(빛 채)	
책	責(꾸짖을 책)	册(冊, 책 책)	策(꾀 책)
	柵(목책 책)		
처	妻(아내 처)	處(곳 처)	悽(슬퍼할 처)
	凄(쓸쓸할 처)		
척	尺(자 척)	斥(물리칠 척)	拓(열 척)
	戚(겨레 척)	陟(오를 척)	墌(坧, 기지 척)
	倜(대범할 척)	刺(찌를 척)	剔(바를 척)
	慼(慽, 근심할 척)	擲(던질 척)	滌(씻을 척)
	瘠(파리할 척)	脊(등뼈 척)	蹠(밟을 척)
	隻(외짝 척)		
천	千(일천 천)	天(하늘 천)	川(내 천)
	泉(샘 천)	淺(얕을 천)	賤(천할 천)
	踐(밟을 천)	遷(옮길 천)	薦(천거할 천)
	仟(일천 천)	阡(밭둑길 천)	喘(헐떡거릴 천)
	擅(멋대로 천)	玔(옥고리 천)	穿(뚫을 천)
	舛(어그러질 천)	釧(팔찌 천)	闡(열 천)
	韆(그네 천)	茜(꼭두서니 천)	

한글	인명용 한자		
철	鐵(鉄, 쇠 철) 澈(물맑을 철) 綴(꿰맬 철) 悊(밝을 철)	哲(喆, 밝을 철) 撤(거둘 철) 凸(볼록할 철) 瞮(눈밝을 철)	徹(뚫을 철) 轍(바퀴자국 철) 輟(그칠 철)
첨	尖(뾰족할 첨) 瞻(볼 첨) 簽(서명할 첨) 諂(아첨할 첨)	添(더할 첨) 沾(더할 첨) 籤(제비 첨)	僉(다 첨) 甜(話, 달 첨) 詹(이를 첨)
첩	妾(첩 첩) 堞(성가퀴 첩) 睫(속눈썹 첩) 輒(문득 첩)	帖(문서 첩) 牒(편지 첩) 諜(염탐할 첩)	捷(이길 첩) 疊(겹쳐질 첩) 貼(붙을 첩)
청	靑(青, 푸를 청) 請(請, 청할 청) 菁(우거질 청)	淸(清, 맑을 청) 聽(들을 청) 鯖(청어 청)	晴(晴, 갤 청) 廳(관청 청)
체	體(몸 체) 諦(살필 체) 剃(머리깎을 체) 逮(잡을 체)	替(바꿀 체) 遞(갈마들 체) 涕(눈물 체) 諟(살필 체)	締(맺을 체) 切(온통 체) 滯(막힐 체)
초	初(처음 초) 肖(닮을 초) 礎(주춧돌 초) 蕉(파초 초) 哨(망볼 초) 椒(산초나무 초)	草(艸, 풀 초) 超(넘을 초) 樵(땔나무 초) 楚(초나라 초) 憔(수척할 초) 炒(볶을 초)	招(부를 초) 抄(베낄 초) 焦(그을릴 초) 剿(끊을 초) 梢(나무끝 초) 硝(초석 초)

한글	인명용 한자		
초	礁(암초 초)	秒(초 초)	稍(점점 초)
	苕(능소화 초)	貂(담비 초)	酢(초 초)
	醋(초 초)	醮(초례 초)	岧(산높을 초)
	鈔(좋은쇠 초)	俏(닮을 초)	
촉	促(재촉할 촉)	燭(촛불 촉)	觸(닿을 촉)
	囑(부탁할 촉)	矗(우거질 촉)	蜀(나라이름 촉)
촌	寸(마디 촌)	村(邨, 마을 촌)	忖(헤아릴 촌)
총	銃(총 총)	總(総, 거느릴 총)	聰(聡, 총명할 총)
	寵(사랑할 총)	叢(모일 총)	冢(塚, 무덤 총)
	悤(바쁠 총)	憁(바쁠 총)	摠(모두 총)
	蔥(파 총)		
찰	撮(취할 찰)		
최	最(가장 최)	催(재촉할 최)	崔(높을 최)
추	秋(가을 추)	追(쫓을 추)	推(밀 추)
	抽(뽑을 추)	醜(추할 추)	楸(개오동나무 추)
	樞(지도리 추)	鄒(나라이름 추)	錐(송곳 추)
	錘(저울 추)	墜(떨어질 추)	椎(망치 추)
	湫(다할 추)	皺(주름 추)	芻(꼴 추)
	萩(사철쑥 추)	諏(꾀할 추)	趨(달릴 추)
	酋(두목 추)	騶(말먹이는사람 추)	
	鰌(鰍, 미꾸라지 추)		鎚(쇠망치 추)
	雛(병아리 추)		
축	丑(소 축)	祝(빌 축)	畜(가축 축)
	蓄(쌓을 축)	築(쌓을 축)	逐(쫓을 축)

한글	인명용 한자		
축	縮(다스릴 축) 筑(악기이름 축)	軸(굴대 축) 蹙(찌푸릴 축)	竺(나라이름 축) 蹴(찰 축)
춘	春(봄 춘) 賰(넉넉할 춘)	椿(참죽나무 춘)	瑃(옥이름 춘)
출	出(날 출)	黜(물리칠 출)	朮(차조 출)
충	充(찰 충) 衝(찌를 충) 衷(속마음 충)	忠(충성 충) 珫(귀고리옥 충)	蟲(虫, 벌레 충) 沖(冲, 화할 충)
췌	萃(모일 췌) 贅(혹 췌)	悴(파리할 췌)	膵(췌장 췌)
취	取(취할 취) 臭(냄새 취) 翠(푸를 취) 娶(장가들 취) 驟(달릴 취)	吹(불 취) 醉(취할 취) 聚(모일 취) 炊(불땔 취) 鷲(수리 취)	就(이룰 취) 趣(달릴 취) 嘴(부리 취) 脆(무를 취)
측	側(곁 측) 厠(廁, 뒷간 측)	測(잴 측) 惻(슬퍼할 측)	仄(기울 측)
층	層(층 층)		
치	治(다스릴 치) 値(값 치) 稚(穉, 어릴 치) 雉(꿩 치) 哆(웃을 치) 淄(검은빛 치)	致(보낼 치) 置(둘 치) 熾(성할 치) 馳(달릴 치) 幟(기 치) 痔(치질 치)	齒(이 치) 恥(부끄러워할 치) 峙(우뚝솟을 치) 侈(사치할 치) 梔(치자나무 치) 緇(검은비단 치)

한글	인명용 한자		
치	癡(痴, 어리석을 치) 蚩(어리석을 치)	輜(짐수레 치)	緻(촘촘할 치)
칙	則(법칙 칙)	勅(조서 칙)	飭(삼갈 칙)
친	親(친할 친)		
칠	七(일곱 칠)	漆(옻 칠)	柒(옻 칠)
침	針(바늘 침) 寢(잠잘 침) 琛(보배 침) 梣(우거질 침)	侵(침범할 침) 沈(가라앉을 침) 砧(다듬잇돌 침)	浸(담글 침) 枕(베개 침) 鍼(침 침)
칩	蟄(숨을 칩)		
칭	稱(일컬을 칭)	秤(저울 칭)	
쾌	快(쾌할 쾌)	夬(터놓을 쾌)	
타	他(다를 타) 墮(떨어질 타) 惰(게으를 타) 楕(楕, 길쭉할 타) 駄(실을 타)	打(칠 타) 咤(꾸짖을 타) 拖(끌 타) 舵(키 타) 駝(낙타 타)	妥(온당할 타) 唾(침 타) 朶(늘어질 타) 陀(비탈질 타)
탁	濁(흐릴 탁) 琢(옥쪼을 탁) 琸(환할 탁) 擢(뽑을 탁) 啄(쪼을 탁) 踔(멀 탁)	托(밀 탁) 卓(높을 탁) 晫(밝을 탁) 鐸(방울 탁) 坼(터질 탁) 橐(橐, 전대 탁)	濯(씻을 탁) 倬(클 탁) 託(부탁할 탁) 拓(밀칠 탁) 柝(열 탁)

한글	인명용 한자		
탄	炭(숯 탄) 呑(삼킬 탄) 灘(여울 탄) 綻(옷터질 탄)	歎(탄식할 탄) 坦(평평할 탄) 嘆(탄식할 탄)	彈(탄알 탄) 誕(태어날 탄) 憚(꺼릴 탄)
탈	脫(벗을 탈)	奪(빼앗을 탈)	
탐	探(찾을 탐) 眈(노려볼 탐)	貪(탐할 탐)	耽(즐길 탐)
탑	塔(탑 탑)	榻(걸상 탑)	
탕	湯(끓일 탕) 糖(사탕 탕)	宕(방탕할 탕) 蕩(쓸어버릴 탕)	帑(금고 탕)
태	太(클 태) 殆(위태할 태) 兌(바꿀 태) 邰(나라이름 태) 跆(밟을 태) 珆(용무늬있는홀옥 태)	泰(클 태) 態(모양 태) 台(별 태) 笞(볼기칠 태) 颱(태풍 태)	怠(게으름 태) 汰(씻을 태) 胎(아이밸 태) 苔(이끼 태) 鈦(티타늄 태) 鮐(복어 태)
택	宅(집 택) 垞(언덕 택)	澤(못 택)	擇(가릴 택)
탱	撑(버팀목 탱)		
터	攄(펼 터)		
토	土(흙 토) 討(칠 토)	吐(토할 토)	兎(兔, 토끼 토)
통	通(통할 통)	統(거느릴 통)	痛(아플 통)

한글	인명용 한자		
통	桶(통 통) 筒(대롱 통)	慟(서럽게울 통)	洞(꿰뚫을 통)
퇴	退(물러날 퇴) 腿(넓적다리 퇴)	堆(언덕 퇴) 褪(바랠 퇴)	槌(망치 퇴) 頹(무너질 퇴)
투	投(던질 투) 偸(훔칠 투)	透(통할 투) 套(덮개 투)	鬪(싸움 투) 妬(투기할 투)
특	特(특별할 특)	慝(간사할 특)	
틈	闖(엿볼 틈)		
파	破(깨뜨릴 파) 播(뿌릴 파) 巴(땅이름 파) 琶(비파 파) 婆(할미 파) 跛(절뚝발이 파)	波(물결 파) 罷(파할 파) 把(잡을 파) 坡(고개 파) 擺(열릴 파)	派(물갈래 파) 頗(자못 파) 芭(파초 파) 杷(비파나무 파) 爬(긁을 파)
판	判(판가름할 판) 版(판목 판) 瓣(꽃잎 판)	板(널빤지 판) 阪(비탈 판) 辦(힘쓸 판)	販(팔 판) 坂(비탈 판) 鈑(금박 판)
팔	八(여덟 팔)	叭(입벌릴 팔)	捌(깨뜨릴 팔)
패	貝(조개 패) 浿(강이름 패) 唄(찬불 패) 狽(이리 패)	敗(패할 패) 佩(찰 패) 悖(어그러질 패) 稗(피 패)	霸(覇, 으뜸 패) 牌(패 패) 沛(늪 패)
팽	彭(성 팽)	澎(물결부딪치는기세 팽)	

한글	인명용 한자		
팽	烹(삶을 팽)	膨(부풀 팽)	
퍅	愎(괴팍할 퍅)		
편	片(조각 편) 編(엮을 편) 偏(치우칠 편)	便(편할 편) 遍(두루 편) 翩(빨리날 편)	篇(책 편) 扁(넓적할 편) 鞭(채찍 편)
편	騙(속일 편)		
폄	貶(떨어뜨릴 폄)		
평	平(평평할 평) 枰(바둑판 평)	評(평론할 평) 泙(물소리 평)	坪(평 평) 萍(부평초 평)
폐	閉(닫을 폐) 弊(폐단 폐) 陛(섬돌 폐) 斃(넘어질 폐)	肺(허파 폐) 蔽(덮을 폐) 吠(짖을 폐)	廢(폐할 폐) 幣(비단 폐) 嬖(사랑할 폐)
포	布(베 포) 胞(태보 포) 捕(사로잡을 포) 砲(대포 포) 匍(길 포) 哺(먹을 포) 抛(抛, 던질 포) 疱(천연두 포) 苞(꾸러미 포) 鮑(절인어물 포)	抱(안을 포) 飽(배부를 포) 葡(포도 포) 鋪(펼 포) 麭(박 포) 圃(밭 포) 暴(사나울 포) 脯(포 포) 袍(두루마기 포)	包(쌀 포) 浦(물가 포) 褒(기릴 포) 佈(펼 포) 咆(으르렁거릴 포) 怖(두려워할 포) 泡(거품 포) 蒲(부들 포) 逋(달아날 포)
폭	暴(사나울 폭)	爆(터질 폭)	幅(너비 폭)

한글	인명용 한자		
폭	曝(쬘 폭)	瀑(폭포 폭)	輻(바퀴살통 폭)
표	表(겉 표) 漂(떠돌 표) 彪(작은범 표) 剽(빠를 표) 飆(飇, 폭풍 표)	票(표 표) 杓(자루 표) 驃(날쌜 표) 慓(날랠 표) 飄(회오리바람 표)	標(표시할 표) 豹(표범 표) 俵(나누어줄 표) 瓢(표주박 표)
품	品(물건 품)	稟(줄 품)	
풍	風(바람 풍) 諷(욀 풍)	楓(단풍나무 풍) 馮(성 풍)	豐(豊, 풍년 풍)
피	皮(가죽 피) 被(이불 피) 陂(비탈 피)	彼(저 피) 避(피할 피)	疲(지칠 피) 披(나눌 피)
필	必(반드시 필) 畢(마칠 필) 泌(샘물흐르는모양 필) 苾(향기로울 필) 疋(짝 필)	匹(짝 필) 弼(도울 필) 鉍(창자루 필)	筆(붓 필) 珌(칼장식옥 필) 芯(향기로울 필) 佖(점잖을 필)
핍	乏(가난할 핍)	逼(닥칠 핍)	
하	下(아래 하) 何(어찌 하) 廈(厦, 처마 하) 蝦(새우 하) 呀(입벌릴 하) 閜(크게열릴 하)	夏(昰, 여름 하) 河(물 하) 霞(노을 하) 遐(멀 하) 嘏(클 하) 嚇(웃음소리 하)	賀(하례 하) 荷(연 하) 瑕(티 하) 鰕(새우 하) 碬(숫돌 하) 煆(붉을 하)

한글	인명용 한자		
하	讀(대답할 하)		
학	學(学, 배울 학)	鶴(학 학)	壑(골짜기 학)
	虐(사나울 학)	謔(희롱할 학)	嗃(엄할 학)
한	閑(한가할 한)	寒(찰 한)	恨(한할 한)
	限(한계 한)	韓(나라이름 한)	漢(한수 한)
	旱(가물 한)	汗(땀 한)	澣(빨 한)
	瀚(넓고큰모양 한)	翰(날개 한)	悍(사나울 한)
	罕(그물 한)	瀾(넓을 한)	嫺(높을 한)
	僩(노할 한)	嫻(우아할 한)	橌(큰나무 한)
	閒(익힐 한)	閒(틈 한)	
할	割(나눌 할)	轄(다스릴 할)	
함	咸(다 함)	含(머금을 함)	陷(빠질 함)
	函(상자 함)	涵(젖을 함)	艦(군함 함)
	銜(啣, 재갈 함)	喊(소리 함)	檻(우리 함)
	緘(봉할 함)	鹹(짤 함)	菡(연봉우리 함)
합	合(합할 합)	哈(한모금 합)	盒(합 합)
	蛤(대합조개 합)	閤(쪽문 합)	闔(문짝 합)
	陜(땅이름 합)		
항	恒(恆, 항상 항)	巷(거리 항)	港(항구 항)
	項(목 항)	抗(막을 항)	航(배 항)
	亢(목 항)	沆(넓을 항)	姮(嫦, 항아 항)
	伉(짝 항)	杭(건널 항)	桁(차꼬 항)
	缸(항아리 항)	肛(항문 항)	行(항렬 항)
	降(항복할 항)		

한글	인명용 한자		
해	害(해칠 해) 解(풀 해) 偕(함께 해) 咳(기침 해) 懈(게으를 해) 邂(만날 해) 哈(웃을 해)	海(海, 바다 해) 奚(어찌 해) 楷(본보기 해) 垓(지경 해) 瀣(이슬기운 해) 駭(놀랄 해) 瑎(검은옥돌 해)	亥(돼지 해) 該(그 해) 諧(화할 해) 孩(어린아이 해) 蟹(게 해) 骸(뼈 해)
핵	核(씨 핵)	劾(캐물을 핵)	
행	行(다닐 행) 倖(요행 행)	幸(다행 행) 荇(마름 행)	杏(살구나무 행) 涬(기운 행)
향	向(향할 향) 響(울림 향) 嚮(향할 향) 麕(사향사슴 향)	香(향기 향) 享(누릴 향) 餉(건량 향) 晑(밝을 향)	鄉(시골 향) 珦(옥이름 향) 饗(잔치할 향)
허	虛(빌 허) 噓(불 허)	許(허락할 허)	墟(터 허)
헌	軒(추녀 헌) 櫶(나무이름 헌)	憲(법 헌) 輯(수레탈 헌)	獻(바칠 헌)
헐	歇(쉴 헐)		
험	險(험할 험)	驗(시험할 험)	
혁	革(가죽 혁) 奕(클 혁) 焃(붉을 혁)	赫(붉을 혁) 焱(불꽃 혁) 爀(진한붉은빛 혁)	爀(붉을 혁) 侐(고요할 혁)

한글	인명용 한자		
현	現(나타날 현)	賢(어질 현)	玄(검을 현)
	弦(시위 현)	絃(악기줄 현)	縣(고을 현)
	懸(매달 현)	顯(顕, 나타날 현)	見(나타날 현)
	峴(재 현)	晛(햇살 현)	泫(빛날 현)
	炫(빛날 현)	玹(옥돌 현)	鉉(솥귀 현)
	眩(아찔할 현)	眴(당혹할 현)	絢(무늬 현)
	呟(소리 현)	俔(염탐할 현)	睍(불거진눈 현)
	舷(뱃전 현)	衒(팔 현)	儇(총명할 현)
	譞(영리할 현)	怰(팔 현)	鋗(한정할 현)
	鋗(노구솥 현)	弦(활 현)	琄(옥모양 현)
혈	血(피 혈)	穴(구멍 혈)	孑(외로울 혈)
	頁(머리 혈)		
혐	嫌(싫어할 혐)		
협	協(화할 협)	脅(脇, 옆구리 협)	俠(호협할 협)
	挾(낄 협)	峽(골짜기 협)	浹(두루미칠 협)
	夾(낄 협)	狹(좁을 협)	莢(콩깍지 협)
	鋏(집게 협)	頰(뺨 협)	洽(화할 협)
형	兄(맏 형)	刑(형벌 형)	形(모양 형)
	亨(형통할 형)	螢(반디 형)	型(거푸집 형)
	邢(나라이름 형)	珩(노리개 형)	泂(멀 형)
	炯(빛날 형)	瑩(옥빛 형)	瀅(맑을 형)
	衡(저울대 형)	馨(향기 형)	熒(등불 형)
	滎(실개천 형)	滢(물이름 형)	荊(가시 형)
	逈(迥, 멀 형)	鎣(줄 형)	
혜	惠(恵, 은혜 혜)	慧(슬기로울 혜)	兮(어조사 혜)

한글	인명용 한자		
혜	蕙(혜초 혜) 憓(밝힐 혜) 蹊(지름길 혜) 譓(슬기로울 혜)	彗(비 혜) 僡(사랑할 혜) 醯(초 혜) 鏸(날카로울 혜)	譓(슬기로울 혜) 暳(별반짝일 혜) 鞋(가죽신 혜)
호	戶(지게 호) 好(좋을 호) 號(号, 부르짖을 호) 胡(오랑캐 호) 豪(호걸 호) 皓(흴 호) 濠(해자 호) 琥(호박 호) 顥(클 호) 壕(해자 호) 滸(물가 호) 狐(여우 호) 縞(명주 호) 蒿(쑥 호) 娐(재치있을 호)	乎(어조사 호) 虎(범 호) 浩(澔, 넓을 호) 護(보호할 호) 昊(하늘 호) 灝(넓을 호) 瑚(산호 호) 扈(뒤따를 호) 壺(병 호) 岵(산 호) 瓠(표주박 호) 芦(苄, 지황 호) 蝴(나비 호) 犒(호궤할 호)	呼(부를 호) 湖(호수 호) 互(서로 호) 毫(가는털 호) 晧(밝을 호) 淏(맑을 호) 祜(복 호) 頀(구할 호) 鎬(냄비 호) 濩(퍼질 호) 弧(활 호) 糊(풀 호) 葫(마늘 호) 皞(밝을 호) 謼(부를 호)
혹	或(혹시 혹)	惑(미혹할 혹)	酷(독할 혹)
혼	婚(혼인할 혼) 魂(넋 혼) 琿(아름다운옥 혼)	混(섞을 혼) 渾(흐릴 혼)	昏(어두울 혼)
홀	忽(소홀히할 홀)	惚(황홀할 홀)	笏(홀 홀)

한글	인명용 한자		
홍	紅(붉을 홍)	洪(큰물 홍)	弘(넓을 홍)
	鴻(큰기러기 홍)	泓(깊을 홍)	烘(횃불 홍)
	虹(무지개 홍)	鉷(돌쇠뇌 홍)	哄(떠들썩할 홍)
	汞(수은 홍)	訌(무너질 홍)	
화	火(불 화)	化(될 화)	花(꽃 화)
	貨(재화 화)	和(화할 화)	話(말할 화)
	畵(畫, 그림 화)	華(빛날 화)	禾(벼 화)
	禍(재앙 화)	嬅(탐스러울 화)	樺(자작나무 화)
	譁(시끄러울 화)	靴(가죽신 화)	澕(물깊을 화)
확	確(碻, 굳을 확)	穫(벼벨 확)	擴(넓힐 확)
	廓(둘레 확)	攫(붙잡을 확)	
환	歡(기뻐할 환)	患(근심 환)	丸(알 환)
	換(바꿀 환)	環(고리 환)	還(돌아올 환)
	喚(부를 환)	奐(빛날 환)	渙(흩어질 환)
	煥(불꽃 환)	晥(환할 환)	幻(변할 환)
	桓(굳셀 환)	鐶(고리 환)	驩(기뻐할 환)
	宦(벼슬 환)	紈(흰비단 환)	鰥(홀아비 환)
	圜(두를 환)		
활	活(살 활)	闊(濶, 트일 활)	滑(미끄러울 활)
	猾(교활할 활)	豁(소통할 활)	
황	黃(누를 황)	皇(임금 황)	況(하물며 황)
	荒(거칠 황)	凰(봉황새 황)	堭(정자 황)
	媓(어머니 황)	晃(晄, 밝을 황)	榥(책상 황)
	滉(물깊고넓을 황)	煌(빛날 황)	幌(휘장 황)
	熀(불빛이글거릴 황)		徨(노닐 황)

한글	인명용 한자		
황	恍(황홀할 황) 慌(어렴풋할 황) 篁(대숲 황) 遑(허둥거릴 황) 璜(서옥 황)	惶(두려워할 황) 湟(해자 황) 簧(혀 황) 隍(해자 황)	愰(밝을 황) 潢(웅덩이 황) 蝗(누리 황) 艎(배 황)
회	回(돌 회) 悔(뉘우칠 회) 恢(넓을 회) 澮(우물도랑 회) 匯(물돌 회) 獪(교활할 회) 蛔(회충 회)	會(会, 모일 회) 懷(품을 회) 晦(그믐 회) 繪(絵, 그림 회) 徊(노닐 회) 膾(회 회) 賄(뇌물 회)	灰(재 회) 廻(돌 회) 檜(노송나무 회) 誨(가르칠 회) 淮(강이름 회) 茴(회향풀 회)
획	獲(얻을 획)	劃(그을 획)	
횡	橫(가로 횡)	鐄(종 횡)	宖(집울릴 횡)
효	孝(효도 효) 涍(물가 효) 斅(가르칠 효) 梟(올빼미 효) 酵(술괼 효) 窙(높은기운 효)	效(効, 본받을 효) 爻(육효 효) 哮(으르렁거릴 효) 淆(뒤섞일 효) 皛(나타날 효) 俲(본받을 효)	曉(새벽 효) 驍(날랠 효) 嚆(울릴 효) 肴(안주 효) 歊(김이오를 효)
후	後(뒤 후) 候(기후 후) 逅(만날 후) 帿(과녁 후) 堠(봉화대 후)	厚(垕, 두터울 후) 喉(목구멍 후) 吼(울 후) 朽(썩을 후) 煦(따뜻하게할 후)	侯(제후 후) 后(왕후 후) 嗅(맡을 후) 珝(옥이름 후)

한글	인명용 한자		
훈	訓(가르칠 훈) 焄(연기에그을릴 훈) 壎(塤, 질나팔 훈) 鐄(빛이변할 훈)	勳(勛·勲, 공 훈) 燻(연기낄 훈)	熏(熏, 불길 훈) 薰(蘍, 향풀 훈) 暈(무리 훈)
훙	薨(죽을 훙)		
훤	喧(의젓할 훤) 烜(따뜻할 훤)	暄(따뜻할 훤)	萱(원추리 훤)
훼	毁(헐 훼)	卉(芔, 풀 훼)	喙(부리 훼)
휘	揮(휘두를 휘) 徽(아름다울 휘) 諱(꺼릴 휘)	輝(빛날 휘) 暉(빛 휘) 麾(대장기 휘)	彙(무리 휘) 煇(빛날 휘) 煒(빛 휘)
휴	休(쉴 휴) 畦(밭두둑 휴)	携(가질 휴) 虧(이지러질 휴)	烋(경사로울 휴)
휼	恤(구휼할 휼)	譎(속일 휼)	鷸(도요새 휼)
흉	凶(흉할 흉) 匈(오랑캐 흉)	胸(가슴 흉) 洶(물살세찰 흉)	兇(흉악할 흉)
흑	黑(검을 흑)		
흔	欣(기뻐할 흔) 痕(흉터 흔)	炘(화끈거릴 흔) 忻(기뻐할 흔)	昕(아침 흔) 俒(완전할 흔)
흘	屹(산우뚝솟을 흘) 紇(질낮은명주실 흘)	吃(말더듬을 흘)	訖(이를 흘)
흠	欽(공경할 흠)	欠(하품 흠)	歆(받을 흠)

한글	인명용 한자
흠	鑫(기쁠 흠)
흡	吸(숨들이쉴 흡)　洽(윤택하게할 흡)　恰(마치 흡) 翕(합할 흡)
흥	興(일어날 흥)
희	希(바랄 희)　　　喜(기쁠 희)　　　稀(드물 희) 戱(戲, 희롱할 희)　姬(姫, 계집 희)　晞(마를 희) 僖(기쁠 희)　　　樨(나무이름 희)　禧(복 희) 嬉(즐길 희)　　　憙(기뻐할 희)　　熺(熹, 빛날 희) 凞(빛날 희)　　　羲(숨 희)　　　爔(불 희) 曦(햇빛 희)　　　俙(비슷할 희)　囍(쌍희 희) 憘(기뻐할 희)　　犧(희생 희)　　晵(빛날 희) 噫(탄식할 희)　　熙(熈·凞, 빛날 희) 烯(불빛 희)
힐	詰(물을 힐)

※ 대법원 전자민원센터
　대법원(www.scourt.go.kr) > 전자민원센터 > 가족관계등록 > 인명용 한자

주 : 1. 위 한자는 이 표에 지정된 발음으로만 사용할 수 있다. 그러나 첫소리(初聲)가 'ㄴ' 또는 'ㄹ'인 한자는 각각 소리 나는 바에 따라 'ㅇ' 또는 'ㄴ'으로 사용할 수 있다.
　　 2. 동자(同字), 속자(俗字), 약자(略字)는 (　) 내에 기재된 것에 한하여 사용할 수 있다.
　　 3. '示'변과 '礻'변, '艸'변과 '艹'변은 서로 바꾸어 쓸 수 있다.
　　　　예 : 福=福　　　蘭=蘭
　　 4. 위 한자는 원획(原劃)법으로 편집하였으나 필획(筆劃)법 그대로 쓰인 한자가 있을 수도 있으니 변형(變形) 부수 편을 다시 한 번 살펴보기 바란다.

5. 성씨와 본은 대법원이 정한 인명용 한자의 제한에 적용되지 않는다.
6. 1991년 4월 1일 이전 출생자가 개명할 경우에는 인명용 한자 범위에서 가능하다.
7. 인명용 한자 중 대법원이 인정한 동자이음어는 신고 사용이 가능하다.

한자	인정한 발음	
車	차, 거	
見	견, 현	
更	경, 갱	
龜	구, 귀	'균' 발음으로는 사용할 수 없음
奈	내, 나	
度	도, 탁	
復	복, 부	
說	설, 열	'세' 발음으로는 사용할 수 없음
率	졸, 솔	
拾	십, 습	
什	십, 집	
樂	악, 요, 락	
瑩	영, 형	
易	역, 이	
參	삼, 참	

예 : 車는 '차'로 신고할 수 있으며 '거'로도 신고할 수 있다.
　　　度는 '도'로 신고할 수 있으며 '탁'으로도 신고할 수 있다.

8. 아래의 일곱 자는 본 획수 옆 ○안에 다른 획수를 기재해 두었는데 그 또한 성명학에서 논하는 획수로서 활용여부도 독자의 뜻에 맡긴다.

◎ 四(사) = $\underset{\text{본획수}}{5}$ · $\underset{\text{성명학획수}}{④}$

◎ 五(오) = $\underset{\text{본획수}}{4}$ · $\underset{\text{성명학획수}}{⑤}$

◎ 六(육) = $\underset{\text{본획수}}{4}$ · $\underset{\text{성명학획수}}{⑥}$

◎ 七(칠) = $\underset{\text{본획수}}{2}$ · $\underset{\text{성명학획수}}{⑦}$

◎ 八(팔) = $\underset{\text{본획수}}{2}$ · $\underset{\text{성명학획수}}{⑧}$

◎ 九(구) = $\underset{\text{본획수}}{2}$ · $\underset{\text{성명학획수}}{⑨}$

◎ 十(십) = $\underset{\text{본획수}}{2}$ · $\underset{\text{성명학획수}}{⑩}$

9. 인명용 한자 중 동자(同字), 속자(俗字), 약자(略字)의 경우 대법원 규칙으로 인정한 한자는 사용할 수 있다.

인명용 한자 중 동자, 속자, 약자

감	鑑	鉴	무	無	无	성	晟	晠	장	莊	庄	초	草	艸
강	強	强	미	彌	弥	수	修	脩	장	墻	牆	총	聰	聡
개	個	箇	배	杯	盃	수	穗	穂	점	點	点	충	沖	冲
개	蓋	盖	배	裵	裴	수	壽	寿	정	靜	静	충	蟲	虫
검	劍	劒	백	栢	柏	실	實	実	주	遒	逎	풍	豐	豊
고	考	攷	번	飜	翻	아	兒	児	진	晉	晋	하	廈	厦
관	館	舘	병	幷	并	아	亞	亜	진	瑨	瑨	학	學	学
광	廣	広	병	竝	並	안	鴈	雁	진	眞	真	항	恒	恆
교	敎	教	병	昞	昺	암	巖	岩	집	潗	準	현	顯	顕
국	國	国	보	寶	宝	연	煙	烟	찬	贊	賛	혜	惠	恵
긍	亘	亙	봉	峯	峰	염	艶	艷	찬	讚	讃	화	畫	画
년	年	秊	비	祕	秘	영	榮	栄	참	慚	慙	확	確	碻
덕	德	悳	삽	挿	揷	예	叡	睿	책	册	冊	활	闊	濶
래	來	来	상	牀	床	위	衛	衞	청	晴	晴	회	繪	絵
례	禮	礼	서	敍	叙	이	彛	彝	청	淸	清	효	效	効
룡	龍	竜	서	棲	栖	자	姉	姊	청	靑	青	훈	勳	勛
리	裏	裡	서	壻	婿	잠	潛	潜	청	請	請			

예 : 車는 '차'로 신고할 수 있으며 '거'로도 신고할 수 있다.
　　度는 '도'로 신고할 수 있으며 '탁'으로도 신고할 수 있다.

예 : 李采榮 ①
　　李采栄 ② → 이채영, ①번과 ②번으로 신고할 수 있다.

예 : 朴成勳 ①
　　朴成勛 ② → 박성훈, ①번과 ②번, ③번으로 신고할 수 있다.
　　朴成勲 ③

예 : 金寶永 ①
　　金宝永 ② → 김보영 ①과 ②번으로 신고할 수 있다.

How to Name 〈개정 증보판〉
이동우 성명학 전서

초판 1쇄 인쇄 2011년 4월 22일
초판 1쇄 발행 2011년 4월 27일
개정 1쇄 발행 2014년 4월 15일

지은이 | 이동우
펴낸이 | 金泰奉
펴낸곳 | 한솜미디어
등 록 | 제5-213호

편   집 | 박창서, 김주영, 김미란, 김수정, 이혜정
마케팅 | 김명준
홍   보 | 김태일

주   소 | (우143-200) 서울시 광진구 구의동 243-22
전   화 | (02)454-0492(代)
팩   스 | (02)454-0493
이메일 hansom@hansom.co.kr
홈페이지 www.hansom.co.kr

값 15,000원
ISBN 978-89-5959-388-0 (13150)

*잘못 만들어진 책은 구입하신 서점에서 친절하게 바꿔드립니다